거꾸로 생각하기

THE ART OF PROBLEM SOLVING IN BUSINESS

THINKING
BACKWARDS

롭 판 하스트레트 · 마틴 스켑바우버 지음 | 박다솜 옮김

본질에 집중하는 전략적 사고법
거꾸로 생각하기

카시오페아
Cassiopeia

Contents

Chapter 4   해법 도출하기: 목표를 달성하는 행동의 법칙

Chapter 5   이해관계자의 지지 얻어내기: 사람들을 움직이게 할 리더를 찾는 법

Epilogue

문제 해결 과정은
일종의 예술이다

팀은 사업개발부에 합류한 지 얼마 되지 않아 첫 과제를 맡게 되었다. 팀이 일하는 회사는 미국에서 온라인 호텔 예약 시스템을 성공적으로 개발해 오픈했고, 이제 유럽으로 사업을 확장할 준비를 하고 있었다. 사업개발부 부장은 필요한 것은 '기본적인 사항'을 포함한 정교한 계획뿐이라고 힘주어 말했다.

"자네도 알잖나? 시장 규모 측정, 경쟁사 파악, 예산 확보, 인수 후보 분석을 한 다음 시간 계획을 세우고 해법 제시하기, 이런 것들 말일세."

"네, 기본적인 사항들이죠."

팀이 대답했다.

"좋아. 다음번 자금 조달 계획을 세우기 전에 실행 계획을 세워야 하니 두 달의 시간을 주겠네. 궁금한 게 있으면 언제든 찾아오게나."

10분 후, 자리로 돌아온 팀은 방금 골칫거리를 떠맡은 것은 아닌지 고민에 빠졌다. 팀은 구글 지도를 열어 유럽이 얼마나 큰지 알아보기 시작했다.

기업의 문제 해결은 재미있지만 어려운 과정이다. 새로운 발견, 인력, 잠재적 갈등, 스프레드시트, 꿈, 회의, 불확실성, 실망, 의견, 저항, 데드라인, 가설들, 이 모든 것을 조합하는 고된 작업을 통해 문제 해결에 성공하면 조직의 행보 전체가 크게 달라질 수도 있다.

문제 해결은 일종의 예술이기도 하다. 진짜 해결해야 할 문제를 바로 알고, 최고의 팀을 구성하고, 최고경영진의 지지를 얻어내고, 필요한 데이터를 확보하고, 그 데이터를 해석하여 통찰을 얻고, 옳은 가설을 만들어내고, 여러 해법을 조사하고, 실수 없이 분석을 완료하고, 해법을 실행하기 위한 행동 방안들을 찾아내고, 시간 계획을 관리하고, 모든 이해관계자를 납득시켜야 한다. 여러 문제 해결 방법 가운데 무엇이 어떤 결과를 낳을지는 아무도 단언할 수 없다. 정해진 조리법을 따라 하는 것처럼 간단한 일이 아니기에 최고의 문제 해결 능력을 갖춘 이들조차도 실패할 위험성이 있다.

모든 문제를 완벽하게 해결할 수 있는 사람은 없다. 그러니 끊임없이 성공의 가능성을 높일 수 있는 방법을 생각하라.

회사와 아이디어 주창자 모두가 만족하고, 어떤 경우에나 통하는 정답이 있으리라는 허황된 기대는 안 하는 게 좋다. 현실에서는 여러 단계를 통해 정답을 만들어낸 후 그것을 재구성하고, 재단하고, 조각내야 좋은 해법을 찾아낼 수 있다. 아무리 좋은 아이디어도 계속해서 검증과 변화를 통해 다듬어가는 과정을 거쳐야 한다.

문제 해결을 성공으로 이끄는 새로운 접근법

이 책의 목표는 기업 문제의 해결 효율성을 적어도 두 배로 올리는 것이다. 경험상 대부분의 문제 해결은 비효율적이다. 아무리 좋은 의도를 갖고 문제 해결을 시작해도 그 결과는 보통 실망스럽다. 문제가 더 심각해지지 않으면 다행일 정도다. 보고서는 그대로 책꽂이에 꽂혀 먼지만 쌓여 가고, 핵심 이해관계자들은 미동도 없고, 실제로 변한 것은 하나도 없다. 프로젝트 팀원들은 좌절에 빠질 것이다.

이처럼 문제 해결이 실패로 돌아가는 이유는 애초에 문제 해결에 대한 접근법이 잘못됐기 때문이다. 전형적인 문제 해결은 문제를 정의하고, 여러 분석을 거쳐 마지막에 몇 가지 해법을 내놓는 순서로 이루어진다. 이러한 '순차적 문제 해결법'에는 일련의 단계를 수행하면 자연스럽게 해법이 나타날 것이라는 가정이 내재되어 있다. 이 접근법의 단점은 목표가 불명확하고, 해법보다 문제에 더 오랜 시간을 투자한다는 것이다. 또한 논리가 부족하여 구체적 행동 방안을 만들어내지 못하거나, 이해관계자들과 의견이 엇갈려서 좋은 대안을 놓칠 위험이 있다.

이 책에서 우리는 문제 해결에 대한 아주 색다른 접근법을 제안하고자 한다. 바로 '거꾸로 생각하기'이다. 이 접근법은 문제가 아니라 목표와 비전에서 문제 해결을 시작한다. 또한 문제 진단보다는 잠재적 해법에 집중하고, 분석 역시 문제를 샅샅이 훑어보는 것보다 해법을 검증하는 것을 목표로 한다. 해법은 궁극적으로 방향을 제시하거나 결정을 내리는 것에 그치지 않고 사람들을 움직이게 해야 한다고 생각한다.

이 책에서는 다음 세 가지 원칙을 중심으로 문제 해결에 접근하려고 한다.

1. 거꾸로 생각하기: 문제보다는 목표와 비전을 중심으로 문제를 해결해야 한다.
2. 합리적 의혹을 넘어서기: 태도의 변화는 논리와 팩트, 가정을 검증하는 것에서 비롯된다.
3. 행동에 개입하기 : 사람들을 움직이는 것은 결정이 아니라 행동이다.

위의 세 원칙들은 훌륭한 문제 해결의 기반이 될 것이다. 물론 오랜 세월 동안 더 많은 사람에게 채택된 다른 이론들도 있다. 우리의 견해는 기존 이론과 첨예한 대립각을 이루고, 지금까지 당신이 일해온 방식과도 다를 것이다. 그것들을 무시하라는 뜻은 아니다. 다만 열린 마음으로 우리가 제안한 원칙을 실험해본 후, 어떤 부분을 받아들일지 결정하길 바란다.

이 책의 구성

기업의 문제 해결은 여러 의사결정자와 이해관계자에게 결과를 개선시킬 방안을 받아들이게 하는 과정이다. 이 과정을 다섯 단계로 나누어 설명하면 다음과 같다.

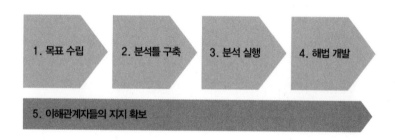

이 책에서는 장마다 하나하나의 단계를 심도 있게 다루며 '거꾸로 생각하기' 접근법의 장점과 그 방법을 설명했다. 우선 문제 해결 과정을 처음부터 훑어보며 우리의 핵심 원칙에 어긋나는 전형적인 행동들을 짚어냈다. 그리고 기존 방식과는 다른 대안적 접근법을 제시하며 우리의 방식이 어떤 면에서 나은지를 설명했다. '거꾸로

생각하기' 접근법을 적용하는 방법과 유용한 팁 역시 곁들여 소개
했다. 사례 연구와 실제 경험에서 얻은 〈실전에서 통하는 비법〉 일
화들은 문제 해결의 기술을 좀 더 자히 살펴볼 수 있는 기회가 될
것이다. 마지막으로 각 장의 핵심 내용은 쉽게 참고할 수 있게 끝머
리에 〈핵심 원칙 정리〉로 마무리했다.

이 책은 넓은 의미에서 문제 해결에 관련된 모든 사람들, 즉 프로
젝트 관리자, 컨설턴트, 사업 개발자, 운영위원회 구성원, 프로그램
관리자, 기업 애널리스트들에게 큰 도움이 될 것이다.

이 책에서 제시한 세 가지 원칙만 제대로 이해하면 앞으로 문제
해결의 효율성을 두 배로 올릴 수 있으리라 확신한다.

THINKING BACKWARDS

Chapter 1

목표 설정하기:

진짜 중요한 곳에 역량을 집중하는 법

고정관념
깨기

소피는 초조했다. 그녀는 세계적인 소셜 네트워크 서비스 사이트를 운영하는 마인드팔Mindpal의 프랑스 경영진에 지역 구인 광고 제휴를 제안하는 첫 프레젠테이션을 앞두고 있었다. 사이트에 구인 광고를 게시하면 사용자 경험을 증진시키는 효과가 있을 것이고, 회사 입장에서는 구인 광고 한 건당 1.50유로로 수익을 얻을 수 있다. 최근 감소한 광고 수익을 상쇄할 수 있는 훌륭한 제안이었다.

소피는 마인드팔이 주요 경쟁사에 비해 구인 광고를 적게 싣고 있다는 사실에 주목했다. 상황을 보다 잘 파악하기 위해 소피는 '인력 시장의 역학과 광고 트렌드', '온라인과 오프라인의 주요 광고 업체들', 그리고 '구인 목록이 게시되는 원리'를 조사했다. 더 나아가 20명의 업계 전문가와의 인터뷰를 통해 구인 광고 분야와 소셜 네트워크의 잠재적 역할에 관한 견해를 들어보기도 했다. 구인 사이트에서 일하는 친구와 만나 보니 제휴가 그럴듯한 해법으로 생각되었다.

경영진에 제휴 기획안을 발표한 후, 소피는 호응을 바라며 주위를 둘러보았다. 소피의 상사인 영업부장은 공개적으로 지지를 선언했다.

"전화 한 통이면 보도 자료를 돌릴 수 있습니다."

하지만 그다음부터가 문제였다. 재무이사는 이 정도의 아이디어로는 결코 감소하는 수익을 메꾸지 못할 것이라고 회의적인 태도를 보이며 영업 팀에 심층 조사를 지시했다. 마케팅부장은 사용자 경험과 브랜드 가치에 미칠 영향을 우려했다. 수석 제품엔지니어는 이 프로젝트가 별것 아니게 보여도 엔지니어 팀에게는 몇 주짜리 일거리가 될 거라고 투덜거렸다. 불꽃 튀는 논의가 계속되자 총괄이사는 다음과 같은 말로 상황을 정리했다.

"이 아이디어에 대해 최종 결론을 내리기는 아직 이릅니다."

소피는 몹시 실망해서 자리로 돌아갔다. 대체 무엇이 잘못된 것일까?

놀라울 정도로 많은 프로젝트, 개선 아이디어, 변화 프로그램이 구체적인 목표나 비전 없이 시작된다. 그런데 무엇을 달성하고 싶은지 모르는 상황에서 특정한 해법을 선택하고, 그 후의 결과를 평가한다는 게 가능할까? 앞의 사례에서 마인드팔이 원하는 것은 대체 무엇인가? 이익 창출인가, 사용자 경험 개선인가, 브랜드 가치 향상인가? 아니면 온라인 직업 광고 시장의 선두에 서는 것인가? 소피는 목표 없이 구체적인 기회를 조사하고 있었다.

안타깝게도 소피의 사례처럼 구체적인 목표를 공유하지 않은 채 프로젝트를 시작하는 경우가 실제로도 꽤 많다. 그 결과 의사결정을 해야 하는 시점이 되면 영업부장을 제외한 모든 사람들이 가지각색의 이유로 반대하는 프로젝트가 넘쳐나게 되는 것이다.

목표에도 좋은 목표와 나쁜 목표가 있다. 예를 들면, 신규 IT 시스템 도입이나 물류 아웃소싱 같은 것들은 목표로 삼기에 부적절하다. 그것들은 목표가 아니라 수단일 뿐이다. 심지어 사업 목표와 아무런 관련이 없고, 기업효용 면에서도 결산 외에는 장점이 없는 IT 시스템에 1억 유로에 달하는 돈을 투자하는 사례도 있다.

설령 목표가 있더라도 그 목표가 명확하지 않다면 문제가 된다. 구체적이고 측정 가능한 목표 대상 없이 그저 최적화, 개선, 강화, 성장 등 모호한 단어들로 목표를 나타내는 일이 비일비재하다.

그렇다면 기업들이 구체적인 목적 없이 모험을 감행하는 이유는 무엇일까? 한 가지 그럴듯한 이유를 들자면, 많은 기업이나 그 관계자들이 자신이 진정으로 무엇을 원하는지 잘 모르기 때문이다. 그들은 목표가 아예 없거나, 아주 불분명한 목표밖에는 없다. 또 다른 이유는 기업들이 단지 기분이 좋아지는 방향으로 행동한다는 것이다. 예컨대 거창한 목표를 세워놓으면 기분이 좋다. 어떤 변화가 아주 점진적으로 일어나면 불편할 것이 없으므로 기분이 좋다. 하지만 안타깝게도 이렇게 안이한 방식으로는 목표를 이루기 어렵다.

　더 심층적으로 분석하자면, 구체적 목표가 부재하는 이유는 우리가 문제에 초점을 맞추도록 교육받았기 때문일지도 모른다. 실제로 우리 모두는 문제를 다루는 데는 전문가다. 학교에서 우리는 문제 해결의 첫 단계가 바로 목표 설정이 아닌 문제를 정의하는 것이고, 다음 단계는 해법을 시험해보는 게 아니라 문제를 철두철미하게 분석하는 것이라고 배웠다. 해법은 마지막 단계에 이르러서야 생각하기 시작한다.

　생각해보면 참 슬픈 사실이다. 끝도 없이 문제만 논의하고 있는 것보다 목표를 성취하는 데 초점을 맞추는 것이 훨씬 큰 영감을 얻을 수 있기 때문이다. 게다가 목표 달성에 집중하는 행위는 사람들에게 에너지를 불어넣으며, 긍정적인 태도와 창조성을 길러주고, 열정과 행복감을 맛볼 수 있게 해준다. 이것들은 모두가 선망하는 정치, 스포츠, 비즈니스, 예술, 과학 분야의 유명한 리더들에게서 엿볼 수 있는 특성이다.

가능한 해법을 찾아내려면 문제에 대해 얼마나 알아야 할까? 이 질문에 관한 답이 바로 이 책의 논지이자, 우리가 말하고자 하는 핵심 내용이다. 원인 조사에 할애하는 시간을 줄이고, 앞을 내다보는 데 더 많은 시간을 투자하라는 것이다. 마인드팔의 사례에서 광고 수익이 감소한 이유나 인력 시장의 역학관계를 이해하는 것이 흥미로울 수도 있다. 하지만 이런 분석은 그 내용이 해결책과 직접적인 연관이 있을 때만 의미가 있다.

문제에
발목 잡히지 마라

비즈니스에서 문제 해결의 절차는 주로 문제의 원인이 무엇인지 밝혀내는 데서 시작한다. 마인드팔의 사례에서는 광고 수입의 감소가 주요 논점이었다. 기업에서는 문제의 근본에 접근하기 위해 주로 이런 질문들을 던진다.

'시장 상황이 안 좋은가, 아니면 우리 기업의 시장점유율이 줄어들고 있는가?'

'시장을 움직이는 동력은 무엇인가?'

'시장점유율이 얼마나 떨어졌는가?'

'시장점유율이 전체적으로 떨어졌는가, 아니면 특정 세분 시장에서만 떨어졌는가?'

'시장점유율 하락의 원인은 제품, 가격, 홍보 중 무엇 때문일까?'
이런 질문에 제대로 답하려면 엄청난 수고가 필요하다. 그런데 이
질문들은 문제 해결과는 아무런 상관이 없을 수도 있다. 수익을 이
전 수준으로 끌어올릴 최고의 방법은 전혀 다른 곳에 있을지도 모
른다. 그런데도 이같은 순차적 접근 방식은 가능성 있는 해결책
보다는 문제 자체에 초점을 맞춘다. 이런 방식에는 어떤 이점이 있
을까? 아이러니하게도 프로 문제 해결사들이 순차적 접근법을 선
호하는 이유는, 이런 접근법은 시간이 많이 소요되기 때문에 더 오
랜 시간 일하며 시간당 보수를 더 많이 청구할 수 있어서이다.

새로운 문제를 발견할 때마다 시장의 규모를 가늠하고, 경쟁자
들의 자료를 수집하고, SWOT분석(Strengths(강점), Weaknesses(약점),
Opportunities(기회), Threats(위협) 요소를 분석하는 방법 – 옮긴이)부터 해보는 사
람들을 종종 볼 수 있다. 하지만 이런 노력이 최종적인 문제 해결로
이어지는 경우는 그리 많지 않다.

우리가 제안하는 방식은 근본적으로 다르다. 문제 진단에 매달려
짧게는 몇 주, 길게는 몇 달이나 되는 귀중한 시간을 허비하기보다
곧바로 개선 목표를 정하고, 가장 유망한 해결책에 집중하라는 것
이다.

프로젝트 첫날부터 목표를 세우고,
문제가 아닌 해법에 집중하라.

   문제의 근본적인 원인을 분석하는 데 너무 많은 시간을 보내면 안 되는 이유는 뭘까? 시간을 가장 많이 소요하는 분석 단계가 가능성 있는 해결책으로 이어지지 못하고 그저 분석에만 머물 위험이 크기 때문이다. 예컨대 온라인 구인 광고의 성장 추이와 같이 특정 분야에 대한 분석은 단지 문제의 근원을 밝혀내는 것이 아니라 상황 개선을 위한 지렛대가 되어야 한다.

   프로젝트 첫날부터 문제가 아닌 해법에 초점을 맞춰보자. 사소한 발상의 전환이지만 이로써 상당히 많은 것이 달라질 수 있다. 마인드팔의 경우, 특정 수익 목표를 달성하거나 시장의 리더가 되기 위해 광고 점유율을 어느 정도까지 높여야 하는지 가늠할 수 있을 것이다. 그러나 문제에만 집중하고 있으면 기껏해야 마인드팔의 시장점유율의 변화 추이밖에는 알 수 없다.

   이 장 첫머리에서 소개한 소피의 상황으로 되돌아가보자. 당신도 소피처럼 어떤 상황(우리는 경쟁자보다 적은 수의 구인 광고를 게시하고 있다.)이나 문제(광고 수익이 감소하고 있다.)를 발견할 때가 있을 것이다. 예전 같으면 곧바로 문제의 원인 조사에 착수할 테지만, 이제는 그 대신 당신의 목표나 포부가 무엇인지를 먼저 생각해보라고 권하고 싶다.

'계속되는 수익의 감소에 제동을 걸고 싶은가?'

'수익을 증가시키고 싶은가?'

'시장점유율 1위를 탈환하고 싶은가?'

명확한 목표가 있으면 상황을 완벽히 이해하지 않고도 즉시 해법을 생각할 수 있다. 그러니 문제를 해결하고 싶다면 시작하자마자 목표를 생각하고, 프로젝트 첫날부터 해법에 집중하자.

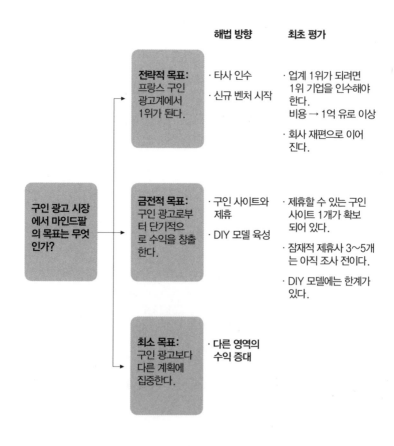

소피가 프레젠테이션을 성공적으로 마치기 위해서는 어떻게 해야 했을까? 구인 광고의 제휴 건을 조사하기 전에 우선 목표를 명확히 정하는 게 좋았을 것이다. 목표를 달라질 수 있는 변수로 놓고, 각각의 목표에 따라 대응하는 해법을 찾는다. 이것을 간단한 도표로 그려보면 소피가 제안한 '광고 제휴'가 단 한 가지 목표에만 적합한 해법이라는 사실을 쉽게 알 수 있다. 그러므로 회사가 다른 것을 목표로 한다면 제휴 건은 더 이상 조사할 필요가 없는 것이다.

마인드팔의 사례처럼 목표가 명확하면 해결 방법도 몇 가지로 한정된다. 목표와 관계없는 해결 방법을 연구하느라 시간과 노력을 낭비하지 않아도 되는 것이다. 이렇게 아낀 시간은 목표 달성과 직결되는 실질적인 해결법의 개발에 다시 투자할 수 있다.

 목표가 정해지면 모두가 볼 수 있게
큰 글씨로 써서 벽에 붙여라.

나무를 통해 숲을 보는 법

전통적인 순차적 접근법에서는 이슈 트리issue tree를 그려 문제의 근본 원인을 파악하라고 말한다. 즉 하나의 문제를 파고들어 근본적인 원인을 파악할 수 있게 구체적인 하위 문제로 반복하여 쪼개는 것이다. 이를 시각적으로 보기 좋게 도표로 정리하는 것이 이슈트리다. 마인드팔의 문제를 이슈 트리로 그려보면 오른쪽과 같다.

회사와 업계의 시장 상황 그리고 당면한 문제에 관해 아는 것이 거의 없을 때는 이슈 트리를 그리는 게 도움이 될 수 있다. 그리고 대부분의 사람들이 문제를 탐구하고 나서 해결책을 찾는 것을 편하게 느낀다. 하지만 문제를 중심으로 한 접근법에는 약간의 위험 요소가 있다. 우선 문제에 지나치게 빠져들기 쉽다. 이슈 트리의 여러 버전을 그려보는 데만도 몇 시간, 심지어 며칠이 걸리기도 한다. 동료가 문제를 수많은 하위 문제로 거듭 분석하고 있다면 적당한 시점에 그만두라고 조언하라. 그 에너지와 시간을 가능성 있는 해결책을 찾는 데 쓰는 편이 낫지 않을까?

둘째로, 이슈 트리는 당신을 그릇된 길로 이끌 수 있다. 예를 들어, 회사가 특정 세분 시장에서 시장점유율이 점점 줄어들고 있다면, 당

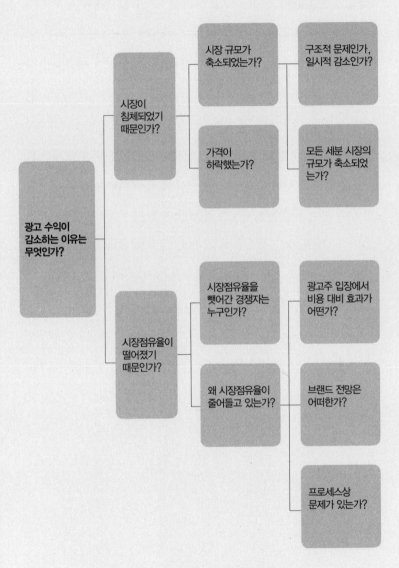

참고: 마인드팔이 직면한 문제는 '구인 광고 제휴'가 아니라 '광고 수익 감소'다.

실전에서 통하는 비법

신은 가격이 너무 높다는 결론을 내릴 수 있다. 가격이 높은 이유는 비용이 너무 많이 들기 때문이다. 비용이 많이 드는 이유는 생산 비용이 많이 들기 때문이며 그것은 경쟁자들처럼 생산지를 중국, 터키, 인도로 아웃소싱하지 않았기 때문이다. 이처럼 문제를 '생산 비용'으로 규정하면 자동적으로 생산 아웃소싱이라는 해결책에 이르게 된다. 반면 '시장점유율'을 문제로 규정하면 비용이 아닌 다른 요소들로 경쟁력을 높여야 한다는 결론을 얻게 된다. 즉 문제를 잘못 파악하면 엉뚱한 분야에 힘을 쏟게 될 위험성이 있는 것이다.

구체적인 목표를
공유하라

한 국영 철도사에서 열차 시간표를 현대적으로 바꾸는 프로젝트를 시작했다. 철도 운영자는 프로젝트 팀에게 다음과 같은 목록의 요구 사항을 보내왔다.

- 승객 수를 10% 증가시키기
- 정시성을 78%에서 90%로 개선하기(이것이 유일하게 시간표와 직결된 요구 사항이었다.)
- 운영 열차 대수는 현 상태로 유지하기
- 15개 주요 노선에서 환승 시간을 단축하기
- 안전성은 절대 타협해서는 안 됨
- 정규 이용자들의 고객 만족도 설문 점수를 개선하기

당신이 무엇을 원하는지 모르면 프로젝트 팀이 해결책을 제시하기 어렵다. 반대로 원하는 결과를 구체적으로 제시할수록 프로젝트 팀도 더욱 효율적으로 일할 수 있다. 따라서 구체적인 목표, 즉 측정 가능한 목표를 결정하는 것이 중요하다. 마인드팔의 사례에서는 경영진들이 '구인 사이트 제휴'라는 목표에 대해 서로 다른 의견을 갖고 있었기 때문에 소피가 제안한 해법이 충분한 지지를 얻지 못했다. 이처럼 최종 프레젠테이션에 이르러서 목표에 대한 의견 충돌이 드러나는 비극을 피하려면 프로젝트를 시작하자마자 목표를 세우고 원하는 결과를 못 박아야 한다.

'좋은 목표'는 다음 세 가지를 갖추고 있다.

1. 방향: 예) 회사를 국제적으로 확장하고 싶다.

2. 측정 가능한 목표: 3년 안에 회사의 50%를 국제화할 것이다.

3. 행동 규범: 우선 서유럽에 초점을 맞추고, 국제 활동에 대해서는 최소 15%의 수익률을 요구한다.

방향은 문제 해결의 여정을 인도하는 비전이라고 할 수 있다. 물론 비전이라는 것 자체가 특성상 모호하다. 그러나 모두가 나아갈 목표 방향에 동의한다면 목표 달성의 수준을 논할 수 있게 된다.

'경쟁력을 키우고 싶은가?'

'지속 가능성을 원하는가?'

'업계의 거물이 되고 싶은가?'

'고객 친화성을 높이고 싶은가?'

'얼마나 큰 야망을 품을 것인가? 즉, 낮은 수익성을 10% 향상시키려 하는가, 아니면 100% 향상시키려 하는가?'

구체적인 수치 없이도 프로젝트를 개시할 수는 있지만 그럴 경우에는 완전한 목표 달성을 기대하기가 어렵다. 프로젝트의 성공 여부를 평가할 때도 구체적이고 측정 가능한 목표가 필수적이다. 똑같이 20%의 비용 절감을 이루었다 해도, 목표가 10% 절감이었는지 50% 절감이었는지에 따라 평가는 달라진다. 측정 가능한 목표를 공유한다고 해서 실제 성과가 달라진다고 장담할 수는 없지만, 그럼에도 불구하고 목표는 확실해야 한다. 개개인의 공과를 따지기 위해서가 아니라 프로젝트를 통해 배우고 발전하기 위해서다. 예컨대 목표를 달성했다면 그것을 조직의 하부로 전이시키는 방법을 찾아야 한다. 반대로 목표를 달성하지 못했다면 기존 프로젝트나 팀에 변화를 주거나 목표를 하향 조정해야 한다. 성공에 대한 기대치는 프로젝트에 기여한 사람들을 포상하는 기준이 되기도 한다.

목표가 모호해도 괜찮은 예외적인 경우는 신제품을 출시하거나 기존 제품을 신규 시장에 출시하는 등 완전히 새로운 사업을 시작할 때뿐이다. 이미 알려진 고객의 니즈나 문제를 해결할 계획으로 신사업을 펼친다 해도, 얼마나 큰 성공을 거둘 수 있을지 예측하기는 어렵다. 따라서 처음부터 구체적인 목표를 세우기 어렵고, 의미도 없다. 게다가 참고할 만한 실적도 없이 목표를 세우면 그릇된 투자 결정을 내릴 수도 있다. 실제로 닷컴 시대에는 파워포인트 프레젠테이션 하나를 보고 수백만 달러를 투자하곤 했다. 이처럼 시장을 개척해야 하는 상황에서는 소규모로 일종의 파일럿 테스트를 시행하여 시장이 자신의 아이디어를 받아들일 준비가 되었는지 확인해보고, 그 결과를 기반으로 현실적인 목표를 세우는 것이 좋다.

경영진은 측정 가능한 목표 외에도 행동 규범을 정해야 한다. 앞서 소개한 철도 운영자처럼, 원하는 결과를 묘사한 후 작업을 시작하면 목표 달성에 큰 도움이 된다. 제한 범위 내에서 다수의 지표를 최적화할 수 있기 때문이다.

 목표를 구체화해도 물망에 오른 해법의 개수가 줄어들지 않는다면 목표를 더욱 구체화하라.

목표를 세우는 일을 사소하게 생각해서는 안 된다. 알고 보면 목표 결정 자체가 하나의 프로세스라 해도 과언이 아니다. 현실에서 목표와 비전은 대부분 상부에서 정해진 다음 연쇄적으로 조직 하부로 내려간다. 보통 성장, 수익성, 시장 내 위치, 고객 만족, 직원들의 사기와 관련된 목표들이 하향식으로 전달된다.

한편 조직의 말단에서 긴급한 운영 문제(예컨대 고객 만족도 하락)나 기회(경쟁사 매각)가 수면으로 부상한 경우, 조직 하부에서 목표를 정하기도 한다. 하지만 어떤 경우든 목표에 대한 최종결정권을 쥔 것은 고위경영진이다.

말보다
실천이 우선이다

⟲ 카토 잘 페데르센Cato Zahl Pedersen은 열네 살 때 감전 사고로 왼팔 전체와 오른팔 절반을 잃고 하루아침에 인생이 뒤바뀌었다. 그러나 페데르센은 꿈을 잃지 않고, 모든 일은 마음먹기에 달렸다는 사실을 입증해 보였다. 1994년에 그는 라스 에베센Lars Ebbesen과 오드 하랄드 하우게Odd Harald Hauge, 두 사람과 함께 버크너섬Berkner Island에서 남극까지 스키로 이동했다. 54일 동안 약 $1,300km$ 거리를 돌파한 것이다.

페데르센만큼 큰 포부와 강한 의지를 지닌 사람은 흔치 않다. 하지만 어떤 이들은 남들보다 높은 목표를 세우고, 이를 실현하기 위해 기꺼이 큰 수고를 무릅쓴다. 직업뿐 아니라 개인적인 삶에서도 마찬가지다. 당신은 어떤 일을 추진하고 그 일에서 좋은 결과를 얻는 데 얼마나 큰 가치를 부여하는가? 그것을 위해 어느 정도의 대가를 치를 각오가 되어 있는가? 거창한 목표를 세우기는 쉽지만 그에 뒤따르는 결과를 받아들일 준비가 되지 않았다면 아무런 의미가 없다. 누구나 훌쩍 여행을 떠나고 싶어 하고, 숲 속에 집을 짓고 살거나 회사를 그만두고 보다 의미 있는 일을 시작하기를 꿈꾼다. 그러나 이를 실행에 옮기는 사람이 얼마나 될까?

큰 목표를 달성하는 것은 어렵고 때로는 고통을 수반한다. 올림픽 금메달리스트는 하루아침에 탄생하지 않는다. 마찬가지로 사소하고 쉬운 비용 절감 조치는 아무리 여러 번 반복해도 30% 이상의 비용 절감으로 이어지지 않는다. 수익 성장률이 가파르게 상승하기를 바란다면, 영업 팀에 들러 격려의 말 몇 마디 건네는 것으로는 충분하지 않다. 혁신이 필요한 것이다.

제품의 가치제안value proposition을 처음부터 다시 생각해보라. 제품이 고객에게 전달되는 과정과 수익 창출 원리, 관련 인력들을 전부 재검토하라. 허울 좋은 목표를 내세우지만 변화에 대한 구체적인 계획은 뒷전으로 미루는 관리자들을 멀리하라. 그런 사람들은 번드레한 PR에만 치중하기 일쑤이며, 허황된 목표의 결과를 평가할 시점에는 다른 회사에서 일하고 있을 게 뻔하다. 결정을 내릴 때는 그에 따른 책임을 져야 한다. 근본적 변화를 불러올 프로젝트를 시작할 의향이 없거나 그 프로젝트를 수행할 능력이 없으면 아무리 훌륭한 목표를 세워도 무의미하다.

우리는 근본적 변화를 가져올 목표를 세웠지만 목표에 한참 미치지 못하는 성과로 만족해야 하는 사례를 줄곧 봐왔다. 미미한 변화밖에 일어나지 않은 이유는 허무맹랑한 목표를 세우고, 목표에 맞지 않게 소박한 접근법을 이용했기 때문이다. 이는 아무 노력 없이 올림픽 금메달을 노리는 것과 같다.

아래의 표에서 점진적 변화와 근본적 변화의 핵심적 차이를 요약하고 있다.

	점진적 변화	근본적 변화
목표	작은 개선(10% 미만)	급진적 개선(20% 이상)
영향	편안하다.	불편하다.
	조직을 뒤흔들지 않는다.	개혁이 필수적이다.
	기어간다.	뛰어간다.
	적을 만들지 않고 모두를 만족시킨다.	큰 저항이 따른다.
프로젝트 접근법	프로젝트 관리자: 운영 관리자	프로젝트 관리자: CEO
	범위: 협소	범위: 무한
	투자 기준: 예산	투자 기준: ROI(투자수익률)
	조직 내에서 작업이 이루어진다.	전임 인력을 포함한 별개의 프로젝트 조직이 필요하다.

요점은 목표, 영향, 프로젝트 접근법에 일관성이 있어야 한다는 것이다. 다시 말해 의사결정자는 프로젝트의 잠재적 영향을 이해하고 목표에 알맞은 접근법을 택해야 한다. 프로젝트의 영향 및 접근법에 어긋난 목표는 한마디로 비현실적이다.

근본적 변화의 범위는 넓고, 어떤 의미에서는 무한하다. 여기서 범위란 분석에 포함해 해법을 구상하는 데 활용할 수 있는 변수들, 즉 목표와 그 달성을 위한 변화에 직결되는 요소들을 일컫는다.

근본적 변화를 불러올 프로젝트를 앞두고 있다면 당신이 마음대로 건드릴 수 있는 변수들이 충분한지 확인해보는 게 좋다. 예컨대 '시장점유율'이 문제라면 브랜드에 변화를 주어도 되는지 확인하라. '생산성'이 문제라면 본부를 아시아로 옮겨도 되는지 확인하라. '성장률'이 골치를 썩인다면 경쟁사를 매수할 수 있는지 알아보라. 변수가 많을수록 기발한 해법을 떠올릴 가능성이 높다.

반면 점진적 변화를 목표로 하는 프로젝트를 맡았다면 변수가 그리 많지 않아도 괜찮다. 이런 경우에는 변화를 이끌어내기 위해 어떤 변수에 초점을 맞춰야 할지를 이해하는 것이 중요한데, 보통은 코앞에 닥친 문제와 밀접한 관계를 갖는 변수에 주목해야 한다. '판매량 감소'가 문제라면 미세한 가격 조정, 타깃 고객 변화, 영업 인센티브 조정 등의 점진적 해법을 쉽게 떠올릴 수 있을 것이다. 만약 어떤 이유로든 위의 요소들 가운데 협상 불가능한 것이 있다면 미리 알아두는 편이 좋다.

문제의 범위를 규정할 때 범할 수 있는 또 다른 실수는 프로젝트 성격과 상충하는 프로젝트 리더를 선정하는 것이다. 근본적 변화를 가져올 프로젝트의 리더는 거시적 시각과 기술을 갖춘 사람이어야 한다. 생산과정에 관여된 프로젝트의 리더로 영업 분석 전문가를 기용하는 것은 바람직하지 않다. 주가 하락을 저지할 프로젝트를 이끌 적임자는 당연히 CEO다.

문제 전체를 직원 한 명이나 컨설턴트에게 떠넘기는 것 역시 흔히 볼 수 있는 오류다. 고객충성도 관리자나 CRM(고객관계관리) 컨설턴트를 고용하는 것으로 고객만족도를 향상시킬 수 있다고 기대한다면 오산이다. 목표를 실현할 책임이 있는 사람이 직접 문제 해결 프로젝트를 이끌어야 한다.

경험에 비춰보건대 작은 목표를 이루기 위한 점진적 변화 프로젝트는 문제와 밀접한 사람이, 큰 목표를 이루기 위한 근본적 변화 프로젝트는 가능한 한 높은 직책의 사람이 맡아야 한다.

큰 목표가 작은 목표보다 우월하다는 의미는 아니다. 조직이 모든 면에서 급진적인 포부를 품을 수는 없으며, 사실 대부분의 프로젝트는 점진적 변화를 목표로 한다. 회사 포트폴리오상 20개의 프로젝트가 진행 중이라면 근본적 변화 프로젝트는 그중 한두 개에 지나지 않을 것이다. 경영진은 어떤 프로젝트가 회사 전략에 적합한지 결정해야 한다. 무엇이 근본적 변화를 불러올 프로젝트인지, 무엇이 점진적 변화를 불러올 프로젝트인지를 구분할 필요가 있다.

단, 목표를 낮게 세우면 얻을 수 있는 성과도 적다는 사실을 기억하라. 금요일 오후에 워크숍을 한 번 열었다고 해서 다음 날 시장점유율이 두 배로 뛰지는 않는다. 다시 말해 점진적 변화 프로젝트에서 높은 성과를 기대하기는 어렵다. 제대로 된 변화를 원한다면 그만큼 강하게 밀어붙여야 한다는 뜻이다.

그 반대의 경우도 마찬가지다. 근본적 변화 프로젝트를 수행하여 사소한 성과만을 얻는다면 만족할 수 없다. 생산성 향상을 위한 근본적 해법을 개발하는 프로젝트에 몇 달을 매달리며 그에 수반되는 고된 작업, 거센 저항, 좌절을 전부 겪었다고 생각해보자. 그 결과가 고작 생산성 9% 향상이라면 만족할 수 있겠는가?

의사결정자들이 목표를 공유하는 것에서 나아가 그 목표가 미칠 영향, 목표에 알맞은 프로젝트 접근법까지 전부 동의할 때 좋은 결과를 얻을 수 있다. 프로젝트 헌장project charter이 중구난방이라면 프로젝트 진행을 보류하라. 헌장을 정리하는 데 더 많은 시간을 투자해야 할 테니까.

이 장 첫머리에서 소개한 마인드팔의 사례를 다시 생각해보자. 마인드팔이 구인 광고 분야에서 전략적 목표를 노린다면 근본적 변화를 가져올 프로젝트를 시작해야 할 것이다. 프랑스 구인 광고 시장에서 1위가 되기 위한 해법 두 가지, 즉 1위 업체를 인수하거나 경쟁력 있는 신규 벤처 사업을 개시하는 방법은 모두 근본적 변화 프로젝트로서 고위 경영진의 개입, 변호사와 은행가 등 외부의 조력, 그리고 막대한 투자금이 필요하다. 하지만 목표를 재정적인 면으로 제한하면 내부에서 2주일의 시간을 투자하여 제휴 가능한 업체의 우선순위를 정리해보는 것으로 충분할 것이다.

A4용지 한 장에 프로젝트 정리하기

기업이 대면한 문제의 목표와 그에 알맞은 프로젝트 접근법은 A4용지 한 장에 충분히 요약할 수 있다.

이 장에서 소개한 방법론을 활용하며 마인드팔의 사례를 도표로 그려보았다. 이런 요약본은 팀 내에서, 그리고 핵심 이해관계자를 대할 때 커뮤니케이션 수단으로 활용할 수 있으며 추후에 프로젝트의 일부 요소에 의문이 제기되면 참고할 수 있는 자료가 된다. 다음 페이지의 A4한 장짜리 도표를 참고하자.

관찰된 문제	목표	프로젝트 접근법	영향
마인드팔의 광고 수익이 감소하고 있다.	**방향** · 최근 수익 감소 경향을 저지한다. · 업계 리더 위치를 유지한다. **측정 가능한 목표** · 수익 성장률을 두 자리로 회복한다. **행동 규범** · 최고의 사용자 경험과 만족을 선사한다. · 프랑스에 집중한다. · 지속 가능한 수입원을 찾는다. · 투자 레버의 최대치는 100만 유로다.	**프로젝트 팀** · 영업부장 – 제품 관리자 · 고객만족도 관리자 · 분석 전문가(소피) **시점에 따른 이정표** · 4주 후: 최초 평가 · 12주 후: 최종 평가 **의사결정자** · 프랑스 담당 경영진 · 프로젝트 종료 시점은 국제화 분야 CEO가 결정한다. **포함해야 할 해법** · 제품 포트폴리오 · 가격 정책 · 영업 접근법 **제외해야 할 해법** · 타사 인수 · 신규 벤처나 브랜드 개발 · 영업, 광고 정책 변경	**변화의 종류** · 점진적 변화 **영향을 받는 분야** · 영업 · 제품

참고: 마인드팔이 직면한 문제는 '구인 광고 제휴'가 아니라 '수익 감소'다.

문제를 목표로
바꾸는 기술

↻   지난 10~15년 동안 신문 업계는 독자 감소, 독자층의 노령화, 디지털 기반의 무료 콘텐츠 급증, 무가지 등의 위협을 계속 받아왔다. 광고주들이 독자를 따라 다른 곳으로 옮겨간 탓에 광고 수익이 감소했고, 부문별 광고는 인터넷을 새로운 무대로 삼고 있다.

그 결과 대부분의 신문사는 지난 10년간 발행 부수가 작은 지역 신문을 폐간하고, 운영을 아웃소싱하고, 편집 팀을 감축시키는 등 끊임없는 구조조정을 해왔다. 그 과정에서 편집부 직원과 관리자 사이에 일어난 내부 갈등이 기사에까지 드러나기도 했다. 다시 말해 신문사들은 문제에만 집중한 채 신문이라는 비즈니스 모델의 생명이 유한하다는 사실은 간과하고 있었다.

이 상황은 최후의 신문 한 부가 인쇄되는 그 날까지 10년이고 20년이고 되풀이될 것이다. 그런데 신문사들이 끝없는 구조조정을 그만두고 거꾸로 생각하기 시작하면 어떨까? 한 미디어 기업 경영진은 다음과 같이 시각을 바꾸었다.

"우리 신문의 폐간일을 정하고, 그 시점에 우리가 어떤 모습을 하고 있어야 할지 생각해봅시다. 그리고 우리에게 주어진 새로운 목표를 실현하기 위해 앞으로 어떤 단계를 밟아야 할지 그려봅시다."

〈핵심 원칙 정리〉

1. 문제에 발목 잡히지 마라. 프로젝트 첫날부터 과감하게 목표와 해법의 관점에서 생각하라.

2. 목표는 방향(비전), 한 개 이상의 측정 가능한 목표, 그리고 행동규범으로 구성된다.

3. 노력 없이는 성과도 없다. 근본적 변화를 통해서만 큰 목표를 성취할 수 있다는 사실을 명심하라.

THINKING BACKWARDS

Chapter 2

분석틀 구축하기:

거꾸로 생각하는 전략적 사고법

분석의 늪에
빠지지 않기

⟲ 아프리카 내륙에 위치한 인구 1,200만 명의 국가 말리Mali는 국민의 절반이 하루에 채 1유로도 되지 않는 돈으로 생활한다. UN에서 밀레니엄을 맞아 세운 개발 목표 가운데 하나는 기아에 허덕이는 세계 인구를 2015년까지 50% 이상 감소시키는 것이었다. 그런데 말리의 기아를 구조적으로 해결하는 방법을 대체 어떻게 찾을 수 있을까?

말리의 기아 문제에는 어려운 과제의 모든 요소가 들어 있다. 그러나 문제는 또렷하게 정의되어 있고 범위가 명확하며 목표도 측정할 수 있다. 즉 1장에서 살펴봤듯이 첫 단추는 잘 끼운 셈이다. 그렇다면 남은 것은 문제를 실제로 해결하는 일뿐이다.

　문제 해결의 가장 일반적인 시작점은 분석 · 진단 · 평가, 다시 말해 문제에 대한 팩트 수집이다. 말리의 사례에서는 UN 개발 원조 보고서, 말리의 지리적 정보, 말리 및 인접국들의 사회적 트렌드, 빈곤 지수 등이 해당된다. 이 자료들을 전부 읽고 팩트를 소화하려면 아마도 여러 주가 걸릴 것이다. 하지만 과연 위의 팩트를 전부 이해하는 것이 가난한 말리 국민을 돕는 데 눈곱만큼이라도 도움이 될까?

　바야흐로 좋은 분석이 무엇인지 정의해야 할 시점이다. '좋은 분석'이란 목표 달성을 위한 최선의 해법을 파악할 수 있게 하는 질문에 팩트를 기반으로 대답하는 것이다. 말리의 기아 문제 사례를 살펴보면 목표가 명확한 반면, 해법을 도출할 수 있는 질문이 무엇인지는 오리무중이다. 시험대에 올려 볼 만한 그럴듯한 해법도 없다. 이처럼 어떤 정보를 찾고 있는지 모른 채 분석을 시작하는 것은 지도 없이 무작정 보물찾기에 나서는 것과 같다. 시간은 시간대로 허비하고, 어찌어찌하다 해법이 도출된다 해도 근거는 빈약할 것이다.

　그런데 안타깝게도 분석을 보물찾기로 착각하는 일은 빈번히 일어나고 있다. 수많은 데이터와 스프레드시트, 참고 자료에 파묻혀 소위 '분석 마비' 현상을 겪는 것이다. 이런 경우에는 적절한 해법을 발견하기는커녕, 주어진 방대한 자료를 모아서 정보로 조합하기조차 어렵다. 어떤 사람들은 일련의 자료 분석을 마친 후, 요술 지팡이를 휘두르면 수집한 데이터가 마법처럼 해법으로 변신할 것으로 생각한다. 그들에게 프로젝트가 종료되는 시점은 모두가 동의하는 해법이 탄생했을 때가 아니라, 단지 긴 시간이 지나갔을 때다. 그러나 이는 분별 있는 의사결정을 할 수 있는 좋은 기반이 될 수 없다.

목표와 분석 사이를 이어줄 어떤 단계가 필요하다. 분석은 목표가 아니라 수단이므로, 목표에서부터 거꾸로 짚어나가며 빈틈을 메꿔야 하는 것이다. 우리는 이 빈틈을 채워줄 도구에 '분석틀'이라는 이름을 붙였다. '분석틀'이란 다양한 개념, 차원, 동인 등이 어떻게 통합되는지를 설명하는 큰 그림이자 이미 정해진 목표와 분석을 구조적으로 연결하는 수단이다. 쉽게 말하자면 무엇을, 왜 분석해야 하는지를 정의하는 도구이므로 진정한 문제 해결 과정은 여기서 시작한다고 할 수 있다.

이제 분석틀을 준비해보자. 분석틀에는 세 가지 종류가 있다.

1. 질문 접근법: 목표를 여러 개의 하위 질문으로 해체하여 접근한다.
2. 해법 접근법: 여러 해법을 시험해본다.
3. 단계별 접근법: 해법을 여러 개의 순차적 단계로 나눈다.

꼬리에 꼬리를 무는
질문 접근법

질문 접근법은 목표를 여러 개의 하위 질문으로 변환한 다음 각각의 하위 질문에 답하여 문제를 해결하는 방법이다. 이 방법으로 '말리의 기아 문제'에 접근해보자.

뒤의 표에서 보는 것처럼 핵심 분석을 수행하여 모든 핵심 질문에 대답하고 나면 곧바로 몇 가지 가능한 해법을 얻을 수 있다. 이 방법을 택하면 목표와 관계없는 분석으로 시간을 낭비하지 않아도 되고, 모든 필요한 분석이 행해졌는지 한눈에 확인할 수 있기 때문에 빠뜨리는 내용이 없다.

때로는 핵심 분석의 내용을 찾아내는 것만으로 문제가 해결되지 않는 경우도 있다. 복잡한 분석은 그 자체로 새로운 분석틀이 필요

목표	핵심 질문	핵심 분석
기아에 시달리는 말리 인구수를 2015년까지 50% 줄인다.	말리 사람들이 굶주리는 이유는 무엇인가?	• 말리 및 유사 국가를 조사하여 기아와 지리적 요소(용수의 음용성, 토양 자질, 기후, 기반시설)의 관계를 밝힌다. • 말리 및 유사 국가를 조사하여 기아와 사회 인구학적 요소(교육, 출생률, 치안)의 관계를 밝힌다.
	기아를 줄이기 위한 최고의 개입 방안은 무엇인가?	• 최근 NGO 단체들이 사하라 이남 아프리카 지역에서 기아를 구조적으로 줄이기 위해 시행한 프로그램들의 핵심 성공 요소와 그 성과를 조사한다. • 지역별 성공 사례와 성공의 동력을 분석한다.
	개입 방안에는 어느 정도의 비용이 드는가?	• 구조적으로 기아를 감소시키려는 프로그램의 일반적 단위(인구, 마을, 지역)당 비용을 계산한다. • 목표 달성을 위해 말리에 어느 정도 범위의 개입이 필요한지 분석한다. • 2010년~2015년 사이의 연간 비용을 예상한다. • 비용편익을 분석한다.
	어떤 위험을 예상할 수 있는가?	• 기아 감소를 목적으로 하는 NGO 프로그램 가운데 실패한 사례 3~5가지를 분석한다. • 말리의 정치, 안전성, 기반시설 등이 겪은 변화를 분석한다.

하기 때문이다. 그럴 때도 근본 원인 분석에 빠져드는 대신, 목표에 집중해야 한다는 사실을 명심하라.

 분석틀은 한 페이지로 정리할 수 있어야 한다.

질문 접근법은 우리 대부분이 대학이나 경영대학원에서 배우는 문제 해결 모델에서 자연스럽게 연결된다는 장점이 있다(《실전에서 통하는 비법 - 과학적 접근법》 참고). 그러나 접근법 자체가 끝없는 질문과 하위 질문의 연속이기 때문에, 계속해서 질문의 우선순위를 정하고 무엇이 더 중요한지 선택해야 한다는 단점이 있다. 해답보다는 질문에 집중하는 방식이라는 점 역시 잠재적 위험 요소가 될 수 있다.

'말리의 기아 문제'를 분석한 표에서 주목해야 할 점은 바로 하위 질문들이 개입 방안, 자원 분배, 위협 요소 등 좋은 해법을 만들기 위해 고려해야 하는 필수 요소들을 다루고 있다는 것이다. 이것이 분석을 해법과 확실히 연결시킬 수 있는 방법이다.

과학적 접근법

대학에서 기업경제학을 전공하고 졸업을 앞둔 학생에게 '매장 내 디스플레이의 효율성을 개선하라'는 과제가 주어졌다. 학생은 우선 디스플레이의 효율성에 영향을 미치는 모든 요소를 찾기 시작했다. 제품의 종류, 할인율, 매점 내 위치, 요일, 기간, 인쇄매체의 지원, 브랜드 퀄리티, 이용 가능성, 면의 개수, 매점의 규모 등 변수의 목록은 끝없이 이어졌다. 학생이 찾아낸 변수의 개수는 총 108가지나 되었다.

보다시피 학생이 과제 수행을 위해 이용한 과학적 접근법의 문제는 쓸데없이 복잡해지기 쉽다는 것이다. 물론 찾아낸 108개의 변수를 이용하여 모델을 세울 수도 있다(이는 그 자체로 기록적인 성과다). 관련 데이터와 샘플을 충분히 모집하여 모든 상호의존성을 염두에 두고 계산해볼 수도 있지만 컴퓨터가 이를 기반으로 내놓을 수 있는 결과는 셀 수 없이 많다. 108개의 변수를 모두 고려해가며 얻은 결과들 가운데 추천할 만한 해법을 가려내는 것부터가 쉬운 일이 아니며, 그것을 실행에 옮기는 작업은 두말할 필요도 없이 어려울 것이다.

과학자들은 이런 상황에서 한두 개의 변수를 선택하여 그 조합을 '추상적' 상황에서 테스트하는 것으로 만족한다. 하지만 그 결과는 실제 세계에 바로 적용할 수 없고 여러 해가 걸리는 후속 연구가 필요하다는 한계가 있다.

직면한 문제를 해결하기 위해 핵심 변수를 골라내야 한다는 점은 기업도 마찬가지다. 하지만 기업은 과학자들과 달리 결과를 즉각 행동으로 옮겨야 하므로 빠르게 추산하고 판단해야 한다.

학교 교육을 받은 우리 대부분은 머릿속에 과학적 모델을 갖고 있다. 그러니 가설을 세우고 전제를 만들어내는 데 어려움을 겪는 게 당연하다. 우리는 문제 해결보다 문제 진단에 능숙하도록 교육받아왔기 때문이다.

실전에서 통하는 비법

가설을 바탕으로 하는 해법 접근법

해법 접근법은 질문이 아니라 가설적 해법을 시작점으로 삼아 분석틀을 쌓아 올린다. 말리 사례로 해법 접근법을 도표로 그리면 오른쪽의 표와 같다.

'좋은 가설'이란 무엇인가? 가설은 기본적으로 데이터("이 분야의 성장률은 연간 3%에 미치지 못할 것이다.") 또는 통찰("3년 후면 영국의 대형 소매금융 은행은 세 곳밖에 남지 않을 것이다.")을 중심으로 한다. 불행히도 데이터 중심 가설은 분석에 도움이 되지 않고, 따라서 분석틀에도 쓸모가 없다. 통찰 중심 가설 역시 해법으로 직결될 때만 유용하다. 예컨대 식수 부족이 기아의 핵심 요인이기 때문에(통찰 중심 가설) 안정적 식수 공급이 개발 계획의 골자가 되어야 한다(가설적 해법).

목표	가설	핵심 주장(검증 필요)

모든 마을에서 식수 프로그램을 시작한다.

- 충분한 식량 생산을 가로막고 있는 진짜 걸림돌은 식수 부족이다.
- 식수 프로그램은 간단하고, 효력이 입증되었으며, 성공률이 높다.
- 식수가 늘어나는 것에 비례해 마을에서 식량 생산량을 늘릴 역량이 있다.

기아에 시달리는 말리 인구수를 2015년까지 50% 줄인다.

지역마다 식량 저장 시설을 건설한다.

- 말리의 식량난이 극심한 이유는 때때로 가뭄이 닥치면 수확 시기를 놓치기 때문이다.
- 식량 저장량의 기복은 마을에서 해결할 수 없는 문제다.
- 문제를 지역적 수준에서 해결하는 것이 더욱 효과적이다.

비용은 5년 동안 1,000만 달러 이하로 제한한다.

- 중앙에 소조직을 만들어 말리 전체의 문제를 총괄할 수 있다.
- 식수 프로그램에 드는 자재비는 마을당 4,000달러 이하다.
- 5년 동안 4~8개 팀을 가동하여 말리 전역을 아우를 수 있다.
- 지속 가능한 프로그램을 시행하면 기 단계 이후에 지역 정부에 흡수될 수 있다.
- 지역별 식량 저장 시설은 단 1회 투자로 건설할 수 있다.

Chapter2 분석틀 구축하기

좋은 가설을 생각해낼 수 있는 방법은 무엇일까? 몇 가지 팁을 소개하겠다.

- 가설을 세우기 전에 탐색 기간을 가져라. 1개월짜리 프로젝트라면 2~3일을 탐색 기간으로 배정하고, 팀의 모든 구성원이 숙지해야 하는 팩트를 모아 프로젝트 소개 자료집을 만들어라.

- 시간 여유를 가져라. 한 세션을 2~4시간으로 조직하고, 세션이 진행되는 동안은 어떤 방해도 금지하라.

- 혼자 일하지 마라. 팀원들, 전문가들, 간부들을 적극적으로 활용하고 손에 넣을 수 있는 자료를 전부 이용해 가설을 세워라. 프로젝트 팀 전체가 참여하는 세션을 적어도 한 번 이상 조직하라. 핵심 집단에 속하지 않은 사람들과도 분석틀에 관해 논하라.

- 위험 부담이 없는 환경을 만들어라. 나쁜 가설이 나와야 좋은 가설도 나오는 법이다.

- 가설을 세울 때 길고 지루한 목록 대신 논리적 구조를 만들어라. 가설 자체만큼이나 중요한 것이 가설 간의 관계에서 나오는 논리다.

- 근본적 변화를 목표로 한다면 어떤 것도 당연하게 받아들이지 마라. 가설에 반대할 시간은 나중에도 충분하다. 처음 세운

가설이 고정관념에 얽매여 있다면, 팀원들이 틀에서 벗어나 생각할 수 있도록 격려하라.

해법 중심의 분석틀을 분석 작업 계획표로 바꾸기 위해서는 한 가지 단계를 더 밟아야 한다. 각각의 핵심 주장을 검증하기 위해 어떤 분석이 필요한지 알아내야 한다. 다음 페이지의 표를 살펴보자.

해법 접근법은 질문 접근법에 비해 몇 가지 장점이 있다. 첫째로, 광범위한 진단 분석이 필요 없다. 기아를 낳는 모든 원인을 분석하거나 기아를 해결할 모든 NGO 프로그램의 효율성을 검토할 필요가 없는 것이다. 해법 접근법에서는 제한된 숫자의 해법과 개입 방안에 초점을 맞추기 때문에 관련 팩트 또한 집중하여 찾을 수 있다. 그에 비해 질문 접근법에서는 모든 해법을 살펴봐야 하는 부담이 있다.

둘째로, 해법 기반의 분석틀은 곧바로 대답을 내놓도록 압박한다. 그로 인해 거꾸로 생각하기를 수월하게 해준다는 장점은 해법 접근법의 핵심이라고도 할 수 있다. 특정 해법이 옳은지에 대해 즉각적 토론을 벌일 수 있다는 사실은 명백히 긍정적이다. 모두가 문제 해결 과정에 동참하게 되기 때문이다. 그러면 조사 담당자를 정하느라 왈가왈부하는 대신 서로 다른 대안들과 그에 따른 위험, 이해관계를 중심으로 토론이 벌어지게 된다. 팀 전체가 질문보다는 해법에 초점을 맞추고 있기 때문에 해법의 질은 높아질 수밖에

핵심 주장	핵심 분석
·충분한 식량 생산을 가로막고 있는 진짜 걸림돌은 식수 부족이다. ·식수 프로그램은 간단하고, 효력이 입증되었으며, 성공률이 높다. ·식수가 늘어나는 것에 비례해 마을에서 식량 생산량을 늘릴 역량이 있다.	·말리 지역별 기아와 식수 가용성 및 기후의 상관관계 ·과거 NGO 식수 프로그램의 성공률 및 주요 특성 ·식수 프로그램을 성공적으로 완료한 마을에서 식량 생산량의 증가 추이 (10~15 마을 사례 연구)
·말리의 식량난이 극심한 이유는 때때로 가뭄이 닥치면 수확 시기를 놓치기 때문이다. ·식량 저장량의 기복은 마을에서 해결할 수 없는 문제다. 문제를 지역적 수준에서 해결하는 것이 더욱 효과적이다.	·말리의 강우량 변화 추이 ·세 가지 종류(마을, 지역, 국가)의 식량 저장 시설 건설에 대한 시나리오 비교 분석
·중앙에 소조직을 만들어 말리 전체의 문제를 총괄할 수 있다. ·식수 프로그램에 드는 자재비는 마을당 4,000달러 이하다. ·지속 가능한 프로그램은 초기 단계 이후에 지역 정부에 흡수되므로 5년 동안 4~8개의 팀을 가동하여 말리 전역을 아우른다. ·지역별 식량 저장 시설은 단 1회 투자로 건설할 수 있다.	·유사 프로그램과 비교하여 중앙 조직의 필요성 검토 ·마을에서 식수 프로그램을 시행하는 데 드는 평균 자재비 검토(NGO 입찰) ·식수 프로그램 시행이 가능한 마을 개수 ·교육 등 자급적 면을 염두에 두었을 때 마을당 소요 시간 ·필요한 지역 시설 개수와 시설당 비용 확인

없다. 그 결과 '분석 마비'에 걸리거나 마지막 순간에 해법을 짜내는 함정에 빠지는 것을 피할 수 있다.

해법 접근법을 적용하기 전에 짚고 넘어가야 할 문제가 두 가지 있다. 첫째로, 자신이 세운 가설을 지지하는 결과만을 수용하는 '터널 시야 tunnel vision'라고 부르는 현상이다. 터널 시야에 빠지는 오류를 막기 위해서는 자신이 잘못된 길을 가고 있을지도 모른다는 사실을 인정하고 언제나 열린 마음을 가져야 한다. 잘못 생각했다는 것을 깨달으면 새로운 정보를 찾아 시각을 바꿔야 하지만, 현실에서는 새로운 정보가 중요한 이해관계자의 계획 또는 시각과 상충하는 경우 쉽게 무시되곤 한다.

 **팀이 항상 열린 태도를 가질 수 있도록
가설들을 일일이 검증하라.**

두 번째 문제는 처음부터 해법을 만드는 것에 대해 자연스러운 반발이 뒤따른다는 점이다. 그 이유는 우선 거꾸로 생각하는 경험이 부족하기 때문이다. 거꾸로 생각하려면 잘 알지 못하는 문제를 개념화하는 능력이 필요하다. 다음으로 실패에 대한 두려움도 위협 요소다. 더 많은 팩트를 찾아내거나 전문가의 조언을 구했을 때 자신이 틀렸다는 사실이 드러날까 봐 겁내는 것이다.

Chapter2 분석틀 구축하기

마지막으로 가장 극복하기 어려운 이유는 자칫해서 신성시되는 영역을 비판하고, 그 신봉자들에게 공격받을지도 모른다는 두려움이다. 거꾸로 생각하여 순수한 논리만으로 해법을 찾아낸다면 획기적인 개입 방안이나 신선한 아이디어를 발견할 수 있겠지만, 어떤 이해관계자들에게는 해를 끼칠 수도 있다.

이런 문제들에도 불구하고 우리는 해법 접근법을 시험해보라고 권하고 싶다. 새로운 시도에 대한 자연스러운 망설임을 극복하려면 직접 해보는 것이 최선이다. 가설을 거부하는 게 나쁜 일이 아니라는 사고방식에 익숙해지는 것 또한 중요하다. 어떤 해법이 맞지 않는다는 것을 입증하는 것은 맞는다는 것을 입증하기보다 훨씬 쉽지만 똑같이 가치 있는 일이다. 가설의 진정한 목적은 처음부터 정답을 찾아내는 것이 아니라, 분석의 초점을 다양한 대안들을 시험해보는 데 맞추는 것이다.

 불가능하다는 생각은 버려라. 해법을 찾는 세션에서 놀랄 만한 성과를 얻을 수도 있다. 밑져봐야 손해는 두 시간뿐이다.

아무리 근사한 해법이라도 여러 번 검증을 거쳐야 한다. 그게 바로 해법 접근법이 가치 있는 이유다. 문제 해결 과정 초기부터 해법을 생각하게 하고, 새로운 정보가 나타날 때마다 해법을 검토하게 해주기 때문이다. 해법 접근법은 해답을 빚어내고, 차별화하고, 완벽하게 다듬을 시간을 벌게 해준다. 프로젝트 말미에야 해법을 찾기 시작한다면 그런 시간을 갖는 것은 불가능하다.

행동과 직결되는
단계별 접근법

문제 해결에 접근하는 세 번째 방법은 바로 문제를 여러 단계로 쪼갠 다음 하나의 행동으로 연결하는 것이다. 다시 한 번 말리의 사례로 이 접근법을 살펴보자.

단계별 접근법은 해답을 예상하고 시작하지 않기 때문에 해법 접근법보다 받아들이기 쉽다. 그럼에도 문제 해결 과정의 각 단계에서 어떤 결과를 얻어야 하는지를 규정하고 있기 때문에 행동과 직결된다는 것이 장점이다. 단계별 접근법은 다른 접근법들과 마찬가지로 큰 목표를 작은 부분으로 나누어 하나씩 풀어 가는 방식이다. 개별적 해법을 상향식으로 조합했을 때 전체 문제의 해법이 완성된다.

목표	단계	분석
기아에 시달리는 말리 인구수를 2015년까지 50% 줄인다.	1단계 지역 선정	• 기아가 심한 정도에 따라 말리의 지역을 구분한다. • 지역의 우선순위를 정할 기준을 세운다.(예: 빈곤도, 식수 가용성, 기반시설, 안정성, 치안 등) • 지역의 우선순위를 정한다.
	2단계 지역 내 마을 선정	• 결정된 지역 내 마을의 목록을 작성한다. • 마을의 우선순위를 정할 기준을 세운다.(예: 빈곤도, 식수 가용성, 기반시설, 정성, 치안 등) • 마을의 우선순위를 정한다.
	3단계 마을별 정책 선정	• 각 마을의 음수 시설, 프로그램 유지 가능성, 지역 행정부의 효율성 등을 평가한다. • 마을별 프로그램을 결정한다. • 마을별 필요 예산을 계산하여 총 예산을 산출한다.
	4단계 국가적 정책 추가	• 각 마을의 성공을 담보하기 위해 지역적, 국가적 수준에서 개입이 필요한지 확인한다. • 국가에 적용할 프로그램을 결정한다. • 예산을 추정한다.

단계별 접근법은 현실적이고 실용적인 문제 해결을 가능하게 해준다. 또한 문제 해결의 단위가 마을 하나이기 때문에 프로그램 시행 도중에도 해법을 최적화하기 쉽다. 즉 단계별 접근법은 프로그램 시행이 복잡하고, 광범위한 적용 이전에 검증이 필요할 경우에 적합하다. 이런 장점을 더욱 강화시키기 위해서는 각 단계에서 문제에 발목을 잡히지 않는 것이 중요하다. 예컨대 지역 선정의 기준을 정할 때 지나치게 학구적 자세를 취할 필요는 없다. 단계마다 할애할 시간을 명확하게 정해놓으면 도움이 될 것이다.

단계별 접근법에서는 각 단계를 규정함으로써 행동 방안이 정해진다. 말리의 사례를 보면, 제2단계에서 마을 하나하나를 대상으로 프로그램을 시행한다는 전제가 깔려 있으므로 말리의 한 지역을 곡창으로 삼아 전국에 식량을 공급한다는 선택지는 배제되는 것이다.

이처럼 단계별 접근법에는 언제나 선택이 내재되어 있기 때문에 기저에 깔린 가정을 밖으로 꺼내 그에 대해 토론하는 것이 중요하다. 다만 모든 가능성을 샅샅이 훑어보느라 문제 해결을 복잡하게 만드는 우를 범하지 마라. 위의 사례에서는 국가적 수준의 방안을 추가한다는 제4단계 조치가 마을 수준 이상의 개입 방안을 빠뜨리지 않게 하는 안전장치 역할을 하고 있다.

단계별 접근법은 표준화된 기존의 문제 해결 방식을 문제에 딱

맞게 변형시켜, 모든 것을 총괄하는 하나의 분석 단계 대신 세분된 분석 단계 여러 개를 만들어낸다. (예컨대 말리의 사례에서는 3단계를 여러 번 반복하게 될 것이다.) 또한 단계별 접근법에서는 어떤 중간 결정을 내려야 하는지가 명확해지고, 몇 가지 단계는 통합하여 한 번에 분석하는 것도 가능하다. 말리의 사례에서는 처음 세 단계를 함께 분석하여 의사결정자에게 동시에 보고할 수 있다.

적합한 분석틀
선택하기

좋은 분석틀을 개발한다는 것은 진지한 개념적 사고에 여러 번의 검토가 뒤따라야 하는, 쉽지 않은 일이다. 하지만 다음과 같은 이점들이 분명히 있다.

- 팀의 주요 과제의 밑그림을 그리고, 각각의 과제가 목표와 어떤 관련이 있는지 한눈에 볼 수 있다.
- 해법에 도움이 되지 않는 분석은 배제하여 분석 단계를 보다 효율적으로 진행할 수 있다.
- 계획된 분석으로 문제를 충분히 해결할 수 있는지 검증할 수 있다.
- 업무 배분 및 프로젝트 계획의 기반으로 삼을 수 있다.

- 팀의 생각이 얼마나 진행됐는지 관리자가 모니터할 수 있다.

프로젝트 팀원들은 물론, 다른 관계자들 또한 분석틀에 정보를 추가하거나 이의를 제기하도록 독려하라. 그로써 모두가 퍼즐 조각 하나하나의 의미를 이해하고, 함께 퍼즐을 맞추는 방법을 고민할 수 있기 때문이다. 팀 전체가 이 작업을 하는 데 할애하는 시간은 조금도 아깝게 생각해서는 안 된다. 프로젝트가 진행되고 정보가 늘어나면 분석틀을 다시 검토해보라. 처음에 생각했던 것보다 더 주의를 기울여야 하는 문제들이 무엇이고, 가볍게 넘겨도 되는 문제들이 무엇인지 알 수 있을 것이다.

 첫 분석틀이 준비되면 꼭 상부의 승인을 받아라.

분석틀은 완벽할 수 없고 질을 판단하기도 어렵다. 실제로 어떤 한 문제에 대해 열 사람이 분석틀을 만든다면 그중 같은 것은 하나도 없을 것이다. 그러니 분석틀을 만들 때는 최선을 다하는 것만으로도 충분하다. 보다 실용적인 조언을 하자면, 프로젝트 첫 주까지는 분석틀 작업을 끝내는 것이 좋다. 1~2주의 단기 프로젝트라면 첫날 이 작업을 끝내라.

접근법	장점	단점	사용 상황
질문 접근법	· 많은 사람이 자연스럽게 받아들인다. · 쉽다. · 어떤 해법도 배제하지 않는다.	· 문제에 집중한다. · 분석 단계에 너무 큰 비중을 둔다.	· 새로운 문제를 해결하려 하거나, 새로운 팀을 꾸렸을 때
해법 접근법	· 해법을 중심으로 한다. · 거꾸로 생각하기에 가장 적합하다.	· 터널 시야의 위험이 있다. · 대부분 사람이 불편하게 여긴다. · 신성시되는 영역을 피하느라 논의가 지지부진할 수 있다. · 갈등을 불러온다.	· 근본적인 변화가 필요할 때 · 노련한 팀이 투입되었을 때
단계별 접근법	· 갈등이 없고 원만하다. · 분석과 의사결정의 복잡도가 낮아진다.	· 단계별 시간 관리가 중요하다. · 잘못된 수준에서 문제 해결을 시도할 수 있다.	· 해법이 다층적일 때

세 가지 접근법 중 가장 적합한 방법이 무엇인지에 대한 판단은 당신에게 달렸다. 이미 언급했듯이 분석틀은 얼마나 많은 노력과 인적 자원을 투자했는지에 따라 질이 달라질 뿐, 완벽할 수 없다. 어떤 경우에는 세 가지 접근법을 조합하는 편이 제일 나은 선택일 지도 모른다.

분석틀은 프로젝트 팀의 중심적 의제 역할을 해준다. 팀 회의 를 할 때마다 분석틀을 검토하고, 분석틀을 기준으로 분석을 평가 하라. 제대로 된 분석틀을 사용하고 있다면 분석 하나를 마칠 때 마다 질문 하나에 대한 답을 얻거나, 전제 하나를 검증하거나, 단계 하나를 완료해야 한다. 그렇지 않다면 분석틀 자체를 수정할 필요 도 있다.

분석틀을
개발하는 기술

⟲   말리 문제와 관련한 UN의 최근 개발 보고서, 〈말리
의 지속적 인적 개발에 대한 2003년 국가 보고서〉에서 문제의 핵심
은 데이터였다. 물론 개발도상국에서 빈곤과 기아의 정도를 제대로
측정하기란 어렵다. 전기가 들어오는 가구 수를 기반으로 빈곤도를
측정하는 모델을 세웠지만, 안타깝게도 데이터 자체가 1998년의
것으로 유효성이 떨어지기 때문에 결과에도 신빙성이 없었다.

이 보고서에서는 또한 교육, 건강, 식수에 비중을 두어 개발 원조
의 수준을 정했다고 설명했다. 빈곤 수준보다 상대적으로 원조를
받지 못한 지역을 일일이 나열하기도 했다. 보고서는 '투자를 통해
가까운 미래에 빈곤 지수를 매년 갱신할 수 있게 될 것이다.'라는

문장으로 마무리된다. 모든 것이 계획대로 된다면 언젠가는 빈곤과 기아에 시달리는 사람이 정확히 몇 명인지 알 수 있게 될 것이라는 뜻이다. 이게 전부다. 빈곤이나 기아에 맞설 계획도, 목표도, 가정도, 해법도, 개입 방안도, 시간표도, 편성된 예산을 사용할 방법에 대한 명확한 비전도 없다.

사실 UN 보고서는 2장 첫머리에서 언급한 증상을 전부 갖고 있다. 해법이 아닌 문제를 중심으로 한 접근법을 이용했고, 프로젝트 팀이 수행한 분석은 기아를 줄인다는 목표와 아무런 관련도 없다. 추산 600만 명이 기아로 허덕이는 나라에서 수치가 조금 어긋나 있는 게 큰 문제인가? 당장 필요한 것은 행동이다.

예상할 수 있듯이 밀레니엄 프로젝트는 최근 거의 진척되지 못했다. 보고서에서는 말리가 속한 사하라 이남 아프리카의 빈곤도가 6% 감소했다고 밝혔다. 목표로 했던 30%에는 한참 못 미치는 수치다. 기아와 관련된 목표는 아예 언급조차 하지 않았다. 2008년의 세계 경제 위기를 핑계로 대고 있지만, 보고서 어디에도 자금이 문제라는 언급은 없다.

Chapter2 분석틀 구축하기

컨설팅을 효율적으로 이용하기

기업 세계에는 컨설팅 회사가 너무도 많다. 그중 한 곳과 계약을 하려고 한다면 어떤 회사를 골라야 할까? 컨설팅 회사에 이 질문을 던지면 자사야말로 최고의 문제 해결 전문가라고 주장할 것이다. 하지만 속아 넘어가지 말고 한번 꼼꼼히 따져보자.

이미 프로젝트의 분석틀을 만들어두었다면 어떤 분석이 수행되어야 하는지 잘 이해하고 있을 것이다. 아직 분석틀을 만들기 전이라면 컨설팅 회사에 프로젝트의 이정표로 삼을 분석틀을 만들어 달라고 요청해보자.

대부분의 컨설팅 회사는 분석 능력이나 프로젝트 진행 능력에 따라 저마다의 강점을 갖고 있다. 다시 말해 회사마다 재정모델, 감사, 진단, 전문가 면담, 패널 설문조사, 시나리오 분석, 롤 플레이, 워크숍 등의 전문 분야가 있는 것이다. 따라서 컨설팅 회사는 직면한 문제의 특성에 따라 분석 접근법을 결정하는 대신, 자신들이 선호하는 접근법에 실제 문제를 끼워 맞출 것이다.

물론 어떤 접근법이든 데이터를 수집하고 분석하는 데 도움은 될 것이다. 그러나 모든 문제에 통용되는 접근법이 실제로 당면한 문제에 적합한지, 다른 접근법에는 어떤 것이 있는지 생각조차 하지 않고 넘어가는 경우가 많다는 게 문제다. 자신들이 사용하는 접근법의 단점이 무엇인지, 언제 사용해서는 안 되는지 완벽히 이해하고 있는 컨설턴트는 생각보다 많지 않다. 더 큰 문제는 '표준적' 접근법이 분석틀을 대체할 수 없다는 사실이다. 분석 하나가 완료되었다고 해도, 그 결과가 해법으로 연결될지는 미지수다.

컨설턴트들이 이런 방식으로 일하는 이유는 무엇일까? 첫째는 직업적 제약 때문이다. 아무리 훌륭한 컨설턴트라도 두어 가지 이상의 분야에서 전문성을 띠기는 어렵다. 예컨대 재정 모형화, 집단 심리학, 창의적 워크숍 기획이라는 세 가지 분야 전부에 강점이 있는 사람은 별로 없다.

둘째는 컨설팅회사의 비즈니스 모델 때문이다. 컨설팅 회사는 데이터 수집에 할애하는 시간에 따라 수익을 얻기 때문에 고객사에 더 많은 분석을 제공할수록 이윤이 남는다.

셋째는 심리적인 것인데, 바로 컨설턴트들이 천성적으로 위험을 감수하는 성격이 아니기 때문이다. 모험을 즐기는 성격이라면 애초에 컨설턴트가 되지 않았을 것이다. 그들은 팩트를 다룰 때, 그리고 순차적 절차를 밟을 때 편안함을 느끼며 자신이 책임져야 하는 조언을 건네야 할 때는 부담을 느낀다.

외부의 조력이 필요하다고 결론지었다면 목표에 알맞은 컨설턴트를 선정해야 한다. 여러 컨설팅 회사와 면담해보고, 당신의 분석틀에 가장 적합한 회사가 어디인지 판단하라. 당신이 세운 분석틀에 문제를 제기해보라거나, 직접 분석틀을 만들어보라고 제안하는 것도 좋은 방법이다.

〈핵심 원칙 정리〉

1. 항상 분석틀을 마련하라.

2. 분석틀을 개발하는 세 가지 방법:
   (1)질문 접근법 (2)해법 접근법 (3)단계별 접근법

   이 중에서 주어진 상황에 가장 적합하다고 생각하는 접근법을 선택하거나, 두 개 이상의 접근법을 조합하라.

3. 분석틀을 끊임없이 검토하라.

THIИKIИ⅁ BACKWARDS

Chapter 3

¿

분석 실행하기:

합리적 의혹을 떨쳐내는 논리적 검증법

좋은
분석의 기술

신규 테마파크 페어리 아일랜드_Fairy Island의 사업 전망
은 밝았다. 두 자릿수 수익률이 기대되었으므로 투자하지 않는 것
이 어리석어 보일 정도였다. 프로젝트 팀은 열과 성을 다했다. 다른
테마파크 다섯 군데를 벤치마킹하여 비용을 책정했고, 10%의 안
전 중간이윤을 더하여 조금 더 높은 비용을 제시한 개발사를 낙찰
시켰다. 또한 몹시 광범위한 시장분석을 기반으로 수익성을 추정
했다. 시장 모델을 파악하기 위해 가족 구성원의 수, 국적, 계절, 평
균 지출액 등을 기준으로 지난 20년간의 테마파크 방문자 통계를
세분화하여 분석하기도 했다. 결론은 장기적으로는 시장이 안정적
이나, 성수기 중의 날씨의 가변성을 감안하면 방문자 수가 20% 내

외로 상승하거나 하락할 수 있다는 것이었다.

이처럼 시장에 대한 예측은 아주 세밀하고 구체적이었다. 한편 페어리 아일랜드의 시장점유율은 6%, 즉 연간 방문객 50만 명 수준으로 예상되었다. 그런데 페어리 아일랜드는 뜻밖에도 개장 2년 만에 재정난에 빠졌다. 연간 방문객은 고작 24만 명에 머물렀고, 테마파크 특유의 높은 고정비용마저 더해진 탓에 페어리 아일랜드라는 환상의 나라는 거짓말처럼 물거품이 되었다.

대부분의 문제 해결 프로젝트에서는 분석에 오랜 시간을 할애한다. 중요한 결정을 내리려면 견고한 근거가 필요하니 당연한 일이다. 그러나 불행히도 분석의 결과가 실망스러운 경우가 많다. 시간을 아낌없이 투자했는데도 좋은 해법을 찾지 못하고 잘못된 결정을 내리는 이유가 뭘까? 바로 통찰력과 정보가 부족했기 때문이다.

모순적으로 들리겠지만, 프로젝트 팀이 분석에 쏟는 시간은 너무 긴 동시에 너무 짧다. 알고 보면 페어리 아일랜드의 사례에서 진짜 문제는 시장 규모가 아니라 예상 방문객 수였다. 그런데 프로젝트 팀은 안정적이며 예측 가능한 시장 규모 분석에 전력을 쏟고, 오히려 예측이 어려운데다 투자의 열쇠를 쥐고 있는 시장점유율을 별다른 근거 없이 추측했다. 자원을 현명하게 배분하지 못한 것이다. 좋은 분석을 위해서는 어느 분야에 노력을 기울일지 결정하는 것이 매우 중요하다.

'모든 요소를 꼼꼼히 검토해야 하는 분야는 무엇인가?'

'기존 데이터를 활용해도 되는 분야는 무엇인가?'

좋은 분석은 참고문헌 자료를 뒤적이고, 쉴 새 없이 전문가를 찾아 소견을 듣고, 근본 원인을 분석하고, 창의적 워크숍을 조직하는 데서 비롯되지 않는다. 2장에서 살펴본 것처럼 좋은 분석은 구체적인 질문에 답하거나, 가설을 시험하면서 만들어진다. 그래서 새로운 데이터를 얻으면 분석틀을 기반으로 검토하고, 그 안에 어떤 통찰이 담겨 있는지 확인해야 한다. 분석틀에 도움이 되지 않으면 구슬이 서 말이라도 쓸모가 없다. 그런데 현실에서는 무엇을 찾아야 하는지도 모른 채 자료 조사에 착수하는 경우가 비일비재하다.

해법이나 분석틀에 초점을 맞춘 분석이라도, 그 결과로 얻은 해법에는 합리적 의혹이 따르기 마련이다. 그럴 때 세부 사항을 무시하고 성급한 결론을 내버리면 당연히 근거가 불충분한 해법이 탄생할 것이다. 건성으로 일하는 프로젝트 팀은 신뢰할 수 없는 출처에서 얻은 자료를 잘못 해석하거나 지나치게 일반화하기 일쑤인데다, 팩트가 아니라 의견에 비중을 두어 근거가 빈약하기 때문이다. 엄밀한 조사를 거치지 않은 이런 해법은 흥미로운 아이디어를 조합해놓은 것에 지나지 않는다.

가설을 검증하거나 질문에 대답할 수 있는 팩트를 찾아내는 것은 생각보다 훨씬 어렵다. 현실적으로 정보가 완벽한 경우가 드물기 때문이다. 아니, 완벽한 정보는커녕 정보가 아예 없는 상황도 적지 않다. 불완전하고, 시각이 편향되고, 오래되고, 너무 포괄적인 정보라면 그다지 유용하지 않다. 해법에 내재된 합리적 의혹을 떨쳐버리기 위해서는 그런 정보들보다는 1차 자료가 필요하다. 알맞은 방법을 택하여 제대로 된 1차 자료를 직접 수집해야 한다.

마지막으로, 해법에는 필연적으로 가설이 내포되어 있다. 아무리 열심히 분석하여 현명한 해법을 찾더라도 결국은 가정을 덧붙여야 한다. 과거의 일을 분석할 때는 팩트를 사용할 수 있지만, 미래를 예측할 때는 가정에 의지할 수밖에 없기 때문이다. 대부분의 사람이 가정을 어렵게 느끼고, 너무 일반화한 가정을 성급히 해법에 포함시키는 경향이 있다. 그런데 가정은 해법의 신뢰도에 영향을 주는 요소이므로 신중히 다뤄야 한다. 페어리 아일랜드 사례에서 프로젝트 팀은 철저한 분석이 아니라 단순한 추측으로 예상 방문객 수를 제시했다. 바로 이것이 사업 전체에 대한 예측이 엉성해진 까닭이다. 프로젝트 팀이 고객들을 대상으로 방문 가능성을 조사하고, 유사 벤처 사업을 벤치마킹하여 시나리오 분석을 수행했다면 훨씬 정확한 예측이 가능했을 것이다.

기업 문제 해결 vs. 범죄 수사

언뜻 보면 팩트를 탐색하는 작업은 경찰 수사와 비슷해 보인다. 경찰들은 증인을 심문하고, 범죄 현장을 분석하고, 경찰 기록을 확인하고, 용의자 목록을 만들고, 친구들과 친척들을 인터뷰하고, 잠복하여 용의자들을 뒤쫓거나 자택 수색을 한다.

경찰 수사에서 문제 해결의 핵심에는 항상 세 가지 질문이 놓여 있다. (1) 누구의 짓인가? (2) 동기는 무엇인가? (3) 법정에서 입증할 수 있는가? 물론 사건마다 증거가 다르고, 경찰이 바로 그 점에 발목이 잡히는 경우가 많다. 경찰의 문제 해결 과정은 소수의 증거를 중심으로 최적화되어 있기 때문에 수사 팀은 모든 가능한 증거들을 샅샅이 훑어봐야 한다.

기업에서 문제를 해결할 때도 이같은 경찰 수사 방식을 적용한다. 탐정처럼 가능한 한 많은 정보를 모아 그중에서 유용한 것을 찾아내려는 것이다. 그러나 이는 용의자, 즉 해법이 빠져 있다는 점에서 잘못된 유추다.

기업이 겪는 문제의 해법은 가격 조정, 인수, 조직, 프로세스 최적화, 혁신, 비용 절감 등으로 경찰 수사에서 찾는 용의자보다 훨씬 다양하다. 또한 자료 부족이 걸림돌이 되는 경우가 있는 반면, 자료의 홍수에 빠질 위험도 있다. 유럽 지역 소매점 운영 전략을 결정하기 위해 유럽의 모든 소매점을 방문해 인터뷰할 수도 있으니 말이다.

범죄 수사와 기업 문제 해결의 또 다른 차이점은 기업이 이미 저질러진 범죄가 아니라 미래의 문제를 해결해야 한다는 점이다. 불행히도 미래에 일어날 일에는 아직 어떤 증거도 없다. 범죄 수사와 기업의 문제 해결에는 합리적 의혹을 벗어나야 한다는 공통점이 있지만, 그 방식은 근본적으로 다르다는 점을 기억하라.

분석틀을
활용하라

⟲   한 전력 기업이 시장 자유화 시대를 맞아 소매 전략을 되짚어보았다. 전기는 균질적인 재화이므로 가장 핵심적 검토 대상이 된 것은 가격 정책이었다. 프로젝트 팀은 가격 요소를 조사하기 위해 현재의 고객층을 분석하고, 고객 1,000명에게 20문항의 설문조사를 했다. 그로부터 6주 후, 프로젝트 발주자가 무엇을 알아냈는지 질문했다. 가격 정책 전문가가 대답했다.

"아직 분석이 끝나지 않았지만 당사가 미래의 경쟁자들보다 높은 가격을 형성하게 될 것 같습니다. 물론 고객의 사용 패턴에 따라 달라질 수도 있어요. 경쟁자들이 가격을 어떻게 정할지는 아직 모릅니다. 모든 것이 유동적이기 때문에 최적의 가격 정책을 알아내기 어려워요."

프로젝트 발주자는 팀에게 가설 하나를 제시했다. '소비자들은 타사와의 가격 차이가 5% 이하인 경우에는 이용 업체를 바꾸지 않을 것이므로, 통신 요금처럼 고객들의 실제 사용량에 맞추어 가격 구조를 최적화하겠다고 약속하면 이탈을 막을 수 있을 것이다.' 발주자는 이 가설이 현재까지 수집한 자료와 일치하는지 확인하고, 이 시나리오를 실행했을 경우의 가격 그래프와 비용을 알아내라고 지시했다. 그로부터 이틀 후 가격 정책을 실행에 옮길 준비가 끝났다.

분석의 목적은 의사결정자들이 다음 행동을 결정할 수 있게 돕는 것이다. 분석의 결과는 무엇을 해야 하고 무엇을 해서는 안 되는지를 알려줘야 하므로, 해법을 개발하거나 탈락시키는 데 초점이 맞춰져야 한다. 자료만 보고 한눈에 무엇을 해야 할지 아는 사람은 없다. 자료를 해석하고 해법으로 옮기는 과정이 뒤따라야 한다. 이때 필요한 것이 바로 '논리'다.

컨설턴트들은 이 논리를 '자료의 함의'라고 부른다. 그들은 각각의 자료에 대해서 "그래서 어떻다는 거지?"라는 질문을 던진다. 참고문헌, 기사, 고객의 소리, 고객 면담 내용 등 참고 자료는 수천 가지나 된다. 하지만 자료를 통찰로 바꾸어 해법을 만들어내지 못

Chapter3 분석 실행하기

한다면 자료가 아무리 많아도 소용없다.

'시장의 성장세에 숨어 있는 함의는 무엇인가?'

'주요 경쟁자가 가격을 올렸다는 것에는 어떤 의미가 있는가?'

'독일에서 수익의 80%를 얻고 있는 현상은 어떻게 해석하면 좋을까?'

프로젝트 팀은 자료의 숨은 뜻을 알아내야 한다. 자료를 수집하고 분석을 모두 마친 후에 자료의 의미를 생각하기 시작하면 이미 때는 늦다. 막무가내로 전문가의 뒤꽁무니를 쫓아다니고, 재정 자료와 고객 설문지를 뒤적여보기 전에, 먼저 자료의 의미부터 생각해보자.

2장에서 구축한 분석틀은 자료 수집을 시작하기 전에 논리를 세우고, 모든 자료를 해답이나 해법으로 연결할 수 있게 해준다. 분석틀은 발견한 팩트들로 하나의 결론을 내리고 그 지점에서 해법을 도출시킨다. 그러니 프로젝트 진행 도중 분석틀을 자주 되돌아보며 전체 퍼즐의 어떤 부분이 충분히 해결되었고 어떤 부분이 조정되어야 할지 알아보라. 예컨대 수익 마진이 국가에 따라 다르다는 것이 밝혀지면 국가별로 다른 해법을 적용하는 편이 나을 것이다.

분석틀 없이 자료를 무작정 수집하는 것은 일종의 보물찾기가 될 위험성이 있다. 반면 상황에 알맞은 보고서를 찾고, 필요한 분야의 전문가와 면담하고, 설문조사를 하고, 완벽한 재정적 모델을 세우면 답을 찾을 수 있다.

한 국제적 기업이 컨설턴트에게 거액의 현금을 쥐어주며 지구 전체를 조사해서 '금광'을 찾아올 것을 요청한 사례가 있다. 여기서 기업이 원한 '금광'이란 고도의 수익률과 성장률이 보장되고, 경쟁자가 존재하지 않으며, 업계 경험이 필요 없는 완벽한 성장 기회였다. 당연히 컨설턴트는 이런 기회를 찾지 못했다. 높은 수익을 얻을 수 있는 성장 기회 몇 가지를 발견하긴 했지만, 전부 많은 시간과 노력이 필요했다. 이 일화의 교훈은 간단하다. 자료 수집은 보물찾기가 아니라, 작은 증거 여러 개를 모아 구체적 해법을 도출해내는 지적 활동이다.

평균값을 버려라

평균값은 오해를 불러일으키기 일쑤다. 해법의 성공 여부도, 가정의 옳고 그름도 전부 상황에 따라 유동적이라는 사실을 반영하지 못하기 때문이다. 잠재적 해법을 제대로 평가하려면 상황을 심도 있게 파헤쳐보고, 해법이 어떤 경우에 유효하고 어떤 경우에 유효하지 못한지 파악해야 한다.

다수의 기업 모델, 제품 라인, 또는 세분 시장이 있는 상황에서는 평균 수익률과 평균 시장점유율에 의존해서는 안 된다. 성공과 실패가 섞인 평균값에서는 문제 영역이 감춰지기 쉽다. 따라서 자료를 수집하기 전에 현상을 어떻게 세분화하여 이해할지를 먼저 생각해야 한다. 방법 하나는 샘플을 충분히 모으고, 다양한 사례의 특징을 분석하는 것이다. 또 다른 방법은 당신이 세운 가설이 모든 영역에서 유효할지를 업계 사람들에게 솔직히 물어보는 것이다. 부정적인 답변이 돌아온다면, 여러 영역을 개별적으로 조사하라.

하나의 해법으로 모든 문제를 해결하려는 안이한 사고방식은 버리자. 다양한 사례에 걸맞은 다양한 해법에 맞춰 자료를 수집하라.

노력을
세분화하라

당신이 분석한 내용이 의문점을 해소하거나 가정을 검증할 수 있는지 어떻게 알 수 있는가? 솔직히 말하자면 알 수 없다. 분석의 수준이 적합한지 평가하려면 주관적 판단이 개입될 수밖에 없다. 그러니 당신이 분석에 얼마나 노력을 쏟을 것인지는 당신의 선택에 달렸다.

상황을 더 복잡하게 만드는 것은, 당면한 문제 또는 가정의 중요성과 민감성에 따라 노력의 정도가 달라진다는 점이다. 어떤 질문들은 구글 검색으로 답을 찾아도 충분하다. 반면 어떤 질문들은 1,000명을 대상으로 설문을 해도 합리적 의혹을 피하기 어렵다. 프로젝트에 투입된 자원과 조사에 할애해야 하는 노력을 놓고 저울질해보라.

'퍼즐에서 가장 중요한 부분은 어디인가? 그 부분을 해결하려면 얼마나 많은 노력을 기울여야 하는가?'

페어리 아일랜드의 사례에서는 시장 규모를 분석하는 데 일주일을 더 투자하는 게 가치가 있겠는가, 아니면 사람들이 페어리 아일랜드를 방문할 의향이 있는지 검증하는 데 초점을 맞추는 편이 가치 있겠는가? 분석에 얼마나 심혈을 기울여야 할지 결정하기 위해서는 분석틀을 다시 보며 각 부분에 얼마나 깊이 있는 분석이 필요한지 확인해야 한다.

'가장 불확실한 질문 혹은 가설은 무엇인가?'

'조직의 행로에서 가장 핵심적인 질문 혹은 가설은 무엇인가?' 이에 해당하는 질문들은 진지하게 접근하고, 상대적으로 비중이 적은 질문들은 가볍게 접근하라. 진지한 접근법과 가벼운 접근법의 차이를 그래프로 나타내보았다.

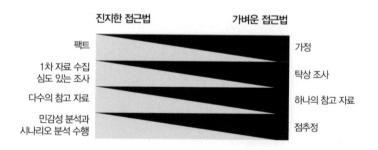

2장에서 소개한 말리의 사례로 진지한 접근법과 가벼운 접근법을 어떻게 적용할 수 있는지 알아보자. ('해법 접근법'을 예로 들었다.)

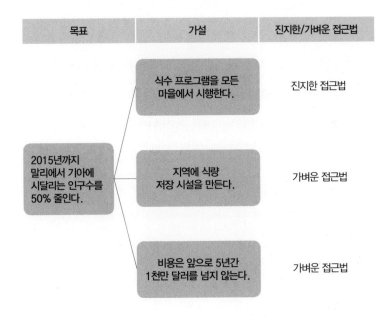

목표	가설	진지한/가벼운 접근법
2015년까지 말리에서 기아에 시달리는 인구수를 50% 줄인다.	식수 프로그램을 모든 마을에서 시행한다.	진지한 접근법
	지역에 식량 저장 시설을 만든다.	가벼운 접근법
	비용은 앞으로 5년간 1천만 달러를 넘지 않는다.	가벼운 접근법

'말리의 기아 문제'라는 커다란 퍼즐에서 가장 중요한 조각은 장기적으로 기아 문제를 해결하기 위해 식수 프로그램이 필수라는 사실을 확인하는 것이다. 개발 프로그램의 초점을 식수에 맞추면 자원 배분에 상당한 변화를 불러오게 되므로, 충분한 크기의 샘플과 다량의 신빙성 있는 자료를 확보하고 최고의 인력과 방법을 사용하여 가설을 검증해야 한다. 진지한 접근법으로 팩트를 찾고 가정을 면밀히 분석하는 등 많은 노력이 필요할 것이다.

Chapter3 분석 실행하기

지역 식량 저장 시설은 전체 퍼즐에서 중요도로 최하위 5~10% 밖에 차지하지 않기 때문에 우선순위에서 밀려난다. 식수를 제공하여 마을에서 스스로 식량을 생산할 수 있게 되면 많은 자금이 필요 없으므로, 비용과 관련된 마지막 가설은 첫 번째 가설에 자연스럽게 종속된다. 또한 가설에서 주장하는 비용은 현재 책정된 예산보다 훨씬 낮고 지출해도 큰 문제가 되지 않는다. 결론적으로 두 번째, 세 번째 가설은 가볍게 접근해도 괜찮다.

해법에 논란의 여지가 있을수록 더 많은 증거를 수집해야 한다. 단 하나의 근거를 바탕으로 근본적 변화 프로젝트를 시작할 의사결정자는 거의 없다. 또한, 의사결정자들이 프로젝트 초기에 중요하다고 판단한 부분에 대해서는 진지하게 접근해야 한다. 분석틀을 주기적으로 되돌아보며 현재의 자원 분배가 유효한지 확인하는 것 또한 중요하다.

어려운 질문에는
진지한 접근법

많은 슈퍼마켓이 공급업체에서 직접 정육을 배달받는다. 여기에는 당연히 비용 문제가 따르기 때문에 여러 사람이 정육을 중앙에서 조달하는 방법을 탐색해왔다. 중앙조달이 옳은 선택인지 검증하기 위해서는 다양한 규모의 점포와 공급업체 모두를 아우르는 모델을 세워 재고 관리, 조직, 취급, 냉각, 운송, 조달, 재고 손실, 계산서 발부에 수반되는 총비용을 계산해야 한다. 여기에는 많은 자료가 필요하다. '디테일이 힘이다'라는 말을 기치로 삼아 팩트를 품목당 0.1센트 단위 수준까지 꼼꼼히 살피고, 실제 이동 거리, 전기 사용량, 감가상각비 등을 정확히 알아내야 한다. 또한 스톱워치를 들고 이틀 정도 현장에 머무르며 상품이 창고를 드나들 때 소요되는 처리 비용을 계산해봐야 한다. 물류센터와 냉장트럭에 공간이 남아 있지 않은 극단적 상황이나 크리스마스 같은 특수 상황의 시나리오도 염두에 둬야 한다.

앞서 설명했듯이, 어려운 질문이나 대담한 가설에 대해서는 진지한 접근법을 채택해야 한다. 진지한 접근법은 팩트를 기반으로 다양한 1차 자료를 수집하고, 심도 있는 조사를 통해 민감성 분석과 시나리오 분석을 수행해야 한다는 특징이 있다.

진지한 접근법의 핵심적 특징들을 몇 가지 더 소개해보겠다.

팩트를 기반으로 하기

정육 사례에서는 사람마다 선호하는 물류 모델이 다를 것이다. 그중 무엇이 최선인지 어떻게 알 수 있을까? 하나의 모델을 지지하는 사람은 자연스럽게 다른 모델을 지지하는 사람들의 반대에 맞닥뜨리게 된다. 의사결정 과정을 권력 게임으로 바꾸고 싶지 않다면, 주장을 뒷받침할 자료를 찾는 게 급선무다. 즉 진지한 접근법을 택해야 한다는 말이다.

정육 조달의 중앙화가 최고의 선택이었다고 주장하는 소매점 인터뷰 기사를 찾아내는 것만으로는 충분하지 않다. 소매점 관리인한 명과 면담하여 재고 부족비용을 추산하고, 한계 출고 수송비용을 줄일 수 있다고 예측하는 것으로 끝이 아니다. 물류 관리인이 조달 중앙화의 성공에 아무리 자신만만한 태도를 보여도, 그것만으로는 부족하다. 우리에게 필요한 것은 '의견'이 아니라 '수치'다.

행동 경로를 결정할 때 필요한 통찰을 바로 수치에서 찾을 수 있다. 대부분의 프로젝트 팀은 문제 해결의 첫걸음으로 기존 자료를 뒤져 필요한 수치를 찾으려고 한다. 하지만 기존 자료에 원하는 수치가 나와 있는 경우는 드물다. 정육 사례의 경우에는 기존 자료에서 소매점과 공급업체의 주소와 총 개수를 알 수 있을 것이다. 하지만 이동 거리, 정육 수집시간, 냉장 비용, 재고 비용 등에 대해서는 전혀 알 수 없다. 어떤 선택지가 최선인지를 결정하려면 견고한 자료를 수집해서 하나하나 비교해봐야 한다.

그런데 해법이 단 한 사람의 의견 때문에 선택되거나 탈락되는 경우가 종종 있다. 누구의 의견이든 관련 자료를 찾아 제대로 된 주장으로 바꾸는 과정이 필요하다. 누군가 이야기를 꺼냈다는 이유만으로 무언가를 주장하는 것은 좋지 않다. 프로젝트 팀 구성원들은 순진하게도 반짝이는 아이디어가 있으면 좋은 해법은 저절로 따라오리라 기대한다. 하지만 그런 일은 없다. 좋은 해법은 엄밀한 분석을 통해 아이디어를 검증하고, 확인하고, 수정하고, 조사할 때 비로소 탄생한다.

복잡한 기업 문제를 해결할 때 프로젝트 팀은 쉽사리 진지한 접근법을 선택하지 못한다. 대부분 입증보다 토론에 익숙하며, 시간과 능력 면에서 익숙한 영역을 벗어나는 것을 불편하게 여기기 때문이다. 또는 진지한 접근법을 적용하는 방법 자체를 모르는 경우도 있다. 문제가 아주 단순해서 금세 풀릴 상황이 아니라면, 우리는 팀 전체가 문제 해결 능력에 조금 더 투자하기를 권한다. 프로젝트 팀은 진지한 접근이 가능하도록 구성해야 하며 그런 면에서 노련한 컨설턴트를 포함하는 것이 유용할 수도 있다.

자료 수집 방법 선택하기

시중에 이미 수많은 데이터 수집 및 분석법이 나와 있다. 브레인스토밍, 컨조인트 분석(conjoint analysis: 어떤 제품 또는 서비스가 가진 속성 하나하나에 고객이 부여하는 가치를 추정함으로써 그 고객이 어떤 제품을 선택할지를 예측하는 기법 – 옮긴이), 층위 분석, 활동 기반 분석, 다양한 연구와 벤치마킹, 설문조사, 시뮬레이션, 초점집단, 예측모델링, 집중적인 회의, 균형 잡힌 심사표, 마인드맵, 전문가 인터뷰, 요소 분석, 간접가치분석(OVA: Overhead Value Analysis) 등 하나하나 열거하자면 끝이 없다.

프로젝트 팀이나 프로젝트 발주자는 이 중 특정한 방법을 검증하고 채택하는 과정을 어렵게 느낀다. 그래서 우리가 겪은 대다수 사례에서는 별다른 토론 없이 처음 제시된 방법이 채택되었다. 매우 안타까운 일이다. 어떤 자료 수집법을 선택하는지가 최종 분석의 질에 결정적인 영향을 미치기 때문이다.

최고의 분석법을 선택할 수 있는 방법이 몇 가지 있다. 첫째는 두 가지 이상의 방법을 검토하는 것이다. 여기서는 각 방법의 장단점을 논하게 되고, 최종적으로 채택된 방법을 개선할 수도 있다. 컨설턴트에게 각 방법에 관한 의견을 묻고 조언을 듣는 것도 좋다. 단,

그 조언이 조금 편향될 수 있다는 사실은 감안해야 한다.

둘째는 제안된 방법에 까다로운 질문을 던져 검증하는 것이다.

'이 방법으로 분석틀의 어떤 부분을 해결할 수 있는가?'

'해법을 개발하는 데 필요한 통찰을 전부 얻을 자신이 있는가?'

'선택된 방법의 단점은 무엇이며, 어떻게 극복할 수 있는가?'

'초점그룹 연구로 각 사례에 대한 통찰을 얻을 수 있겠지만, 그것을 통계적으로 활용할 수 없다는 단점은 어떻게 극복할 것인가?'

'가장 핵심적인 질문에 가장 심도 있는 조사법을 적용하고 있는가?'

'절반의 노력으로도 이 프로젝트를 수행할 수 있을까?'

이런 질문들을 던짐으로써 현명한 선택을 내릴 가능성이 높아진다.

1차 자료 수집하기

'공사현장 인부들의 생산성을 20% 이상 상승시켜 도로 공사 시간을 단축할 수 있다.'는 가설이 제기되었다. '노란 작업복을 입은 사람들의 제1규칙은 일하지 않는다는 것이다.'라는 주장까지 나왔다. 이 가설을 검증하기 위해 프로젝트 팀은 스톱워치로 공사 팀이 일하는 시간을 측정해보았다. 공사장 인부의 작업 시간을 대기 시간, 누군가와 대화하는 시간, 이동 시간, 실제 작업하는 시간으로 분류하여 분 단위로 계산한 것이다. 작업에 투입된 대형 기계들에 대해서도 똑같이 시간을 측정했다. 프로젝트 팀은 나아가 이 자료를 근거로 최상 경로를 계산하고, 사람과 기계 양쪽에 대해 작업 과정을 최적화했다.

자료의 출처가 자료의 질을 결정한다. 잡지 판매 부수를 예로 들어 보자. 잡지사에서는 광고를 팔기 위해 판매 부수를 많게는 30%까지 부풀리기도 한다. 그러므로 당신이 사용하고자 하는 자료가 언제, 어떻게 수집된 것이며 샘플의 규모와 구성이 어떠했는지 알아보는 것이 중요하다. 혹시 수치에 영향을 미칠 수 있는 이해관계가 개입되지는 않았는지도 확인해보라. 예컨대 향후 투자은행 업계가 선전할 것이라는 예측이 투자은행 관계자에게서 나왔다면 그 예측은 합리적 의혹을 벗어나기 어렵다.

실제로 완벽한 자료는 존재하지 않는다 해도 과언이 아니다. 그러므로 사용하는 자료의 질과 한계를 언제나 의식하고 있어야 한다. 리서치 기관이 내놓은 시장 예측은 팩트가 아니라 예측일 뿐이고, 그 근거는 전에 시장 규모를 잘못 예측한 사람들과 고작 대여섯 번 통화하여 얻은 것이다. 게다가 예측에는 항상 가정이 포함되어 있으므로 예측이 100% 확실하다고 믿어서는 안 된다.

대개 기존 자료는 기업이 처한 문제의 정곡을 찌르지 못한다. 그럴 때는 직접 1차 자료를 손에 넣는 것이 최선이다. 프로젝트 회의실에서 어려운 질문 주위만 빙빙 맴돌고 있으면 시간만 낭비하는 셈이다. 대부분의 관리자와 마찬가지로 분석가들도 컴퓨터 모니터가 주는 안락함에서 벗어나지 않으려 한다. 하지만 가능한 한 빨리 회의실을 떠나서, 매장과 현장으로 향해 고객들을 만나보라. 마케팅 관리자들이 점포를 직접 방문한 후, 또는 CEO가 직원들과 이야기를 나눠본 후 놀라운 통찰을 얻고 더 빨리 행동하지 않은 것을 후회했다는 이야기를 종종 들어보았을 것이다.

1차 자료 수집은 쉬운 일이 아니다. 하지만 혁신적인 통찰에는 새로운 자료, 해석, 분석이 필요하다. 1차 자료 수집이란 고객들과 대화를 나누고, 매장을 방문하고, 파일럿 테스트를 시행하고, 산처럼 쌓인 파일과 매뉴얼을 뒤적이고, 작업 시간을 스톱워치로 재보는 것을 뜻한다. 이처럼 자료 수집에 있어서는 준비부터 실행까지 진지한 태도를 유지해야 한다.

스톱워치로 시간을 잰 자료 없이 도로 공사 과정을 최적화한다고 상상해보라. 생산성 20% 향상이라는 목표를 실현할 수 있을까? 노동조합이 이 목표를 받아들일까? 이행 과정이 원만할까? 목표를 달성할 방법을 찾을 수 있을까? 아마 모두 불가능할 것이다. 근본적 변화는 사고방식의 변화에서 비롯되며, 사고방식의 변화에는 1차 자료 수집이 필수적이다.

다수의 자료를 확보하여 가정을 검증하기

견고한 논리와 팩트를 기반으로 했다고 해서 반드시 좋은 해법이 탄생한다는 법은 없다. 세상에 100% 확실한 것은 없기 때문이다. 아무리 팩트만을 기반으로 하려 해도, 모든 해법은 가설을 내포하고 있다. 규모의 경제, 경쟁자의 반응, 인구 증가, 규제, 고객 유지, 인플레이션, 노동력 저하, 오류율, 개발 시간, 유가 등의 가정이 알게 모르게 영향을 미치고 있는 것이다. 따라서 해법의 질은 기저에 놓인 가정의 질에 달려있다고 할 수 있다. 문제에서 해법으로 이어지는 사슬에서 가장 취약한 부분이 바로 이런 가정들이므로 보다 주의를 기울여야 한다.

미지의 요소를 추측할 때도 기준이 될 팩트를 찾아내는 것이 중요하다. 예컨대 인도에서 판매된 스마트폰의 총 대수를 무작정 추산하려면 쉽지 않다. 하지만 인도의 인구를 나이별, 소득 수준별로 분류한 자료가 있다면 어떨까? 노키아Nokia의 인도 시장 수익 예측 자료나, 휴대폰 가입자 수 자료도 도움이 될 것이다. 인도에 거주하는 사람들과의 인터넷 채팅을 통해 스마트폰이 얼마나 보급되었는지 알아보거나 델리Delhi로 직접 비행기를 타고 가서 휴대폰 판매장을 방문해볼 수도 있다.

완벽한 미지의 요소가 있다면, 가능한 한 많은 관련 자료를 찾아본 후 추측하라. 이처럼 다수의 출처에서 간접증거를 찾고 몇 가지 가정을 결합하여 결론에 다다르는 것도 하나의 전략이라고 할 수 있다. 조각난 자료들을 조합하여 통찰을 만들어내는 작업은 분석의 꽃이다.

퍼즐 조각을 아무리 능숙히 모았어도 아무런 가정을 덧붙이지 않고 문제를 해결한다는 것은 불가능하다. 좋은 가정을 만들어내는 방법에는 몇 가지가 있다.

- 탐색적 예측법
- 유사 사례 벤치마킹
- 전문가 의견 참고
- 추정값 적용 또는 팀 단위 추정

이런 방법으로 찾은 가정들은 물론 팩트보다 부정확하다는 단점이 있다. '탐색적 예측법'과 '벤치마킹'은 역사가 예측할 수 있게 움직인다고 가정하지만, 역사가 항상 되풀이되는 것은 아니다. 물론 역사적 자료를 기반으로 한다는 점은 이 두 가지 방법의 확실한 장점이다. 예컨대 내일 날씨를 예측할 때 80% 이상의 정확성을 보이는 최고의 기준은 바로 오늘 날씨다.

'전문가 의견'은 관련 경험과 지식을 기반으로 하는데, 여기서는 경험과 지식의 질이 핵심적이다. 여러 전문가의 의견을 들어보면 폭넓은 정보를 얻을 수 있고, 하나의 가정에 대한 평가를 종합하여 가정을 검증할 수도 있다. 가정을 찾는 데 있어 마지막 수단은 '팀 단위로 예측'하는 것인데, 이는 신뢰도가 가장 떨어지는 방법이다.

어떤 방법으로 가정하든, 숨바꼭질 놀이를 하지는 마라. 즉 모든 가정을 투명하게 기록해서 언제든 찾아볼 수 있게 하라는 뜻이다. 팩트와 가정을 엄밀하게 구분하는 것 또한 중요하다. 사람들이 계산 결과를 믿지 않으면 가정을 되돌아보라. 다른 사람들의 가정을 받아들여 시험적으로 적용해보고, 결과에 변화가 생기는지 확인하라. 당신이 무엇을 알고 무엇을 모르는지 터놓고 말하면 남들의 신뢰를 살 수 있을 것이다.

'하키채형 그래프'의 불편한 진실

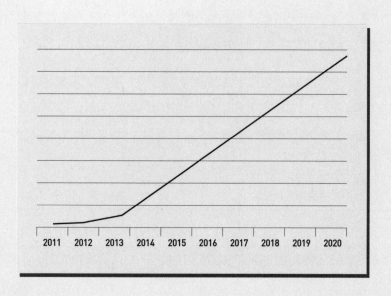

　　'하키채형 그래프'란 완만하게 시작해서 몇 년 연속으로 큰 상승 곡선을 그리는 매출이나 현금 흐름, 수익 그래프를 말한다. 이론적으로 하키채형 곡선은 비현실적이며, 전년 대비 성장률에 대한 가정이 내재되어 있다. 그러니 어디서든 하키채형 곡선을 보면 그 기저에 숨겨진 가정에 관한 토론을 시작하라. 이런 곡선을 만들어내는 가정은 간단하지만 그다지 현실적이지는 못할 것이다. 예컨대 연간 가격 상승률을 1% 올림으로써 한 공익기업의 인수 가격이 1억 유로나 뛴 사례도 있었다.

하키채형 곡선의 문제는 순현재가치NPV; Net Present Value 계산에서 극단적으로 나타난다. 순현재가치 계산에서는 미래의 모든 현금 흐름에서 투자비용을 뺀다. 그런데 현금 흐름의 증가치가 투자비용보다 커지는 경우가 종종 있다. 그렇게 되면 NPV 값이 양수가 되는 것은 아주 먼 미래에나 가능하다. 예컨대 옆의 그래프에서는 전체 순현재가치의 50%가 9, 10번째 해에 실현된다. 그러나 시간이 흐를수록 투자비용보다 수익의 불확실성이 더 커질 테고, 그때쯤이면 이 계획을 만들어내는 데 일조한 사람들은 이직하여 다른 회사에서 일하고 있을 가능성이 높다. 여기서 얻는 교훈은 명확하다. 직접 자금을 투자할 생각이 아니라면 하키채형 그래프를 남에게 들이밀지 마라.

민감성 분석과 시나리오 분석으로 결과를 검증하기

이탈리아의 한 미디어 기업이 뒤늦게 인쇄매체에서 온라인으로 무대를 옮기려 시도했다. 원가에 거의 변동이 없는 상황에서 고객들의 지출이 점차 경쟁자인 온라인 미디어로 이동했고, 이익률은 마이너스로 떨어졌기 때문이다. 구조조정 계획을 세우기 위해 턴어라운드(turnaround: 조직 개혁과 경영 혁신 등을 통한 실적 개선 -옮긴이) 팀이 결성되었다. 계획은 간단했다. 공격적인 비용 감축과 웹사이트 재편, 새로운 영업 방식으로 문제를 해결할 수 있을 것 같았다. 문제는 결과를 예측하는 것이었다.

'광고주들이 더 나은 광고 조건에 얼마나 민감하게 반응할 것인가?'

'새 웹사이트가 방문객을 충분히 끌어모을 것인가?'

'훈련을 통해 영업사원들의 효율을 높일 수 있는가?'

이런 질문들에 답하기 어려웠던 프로젝트 팀은 혁신 프로그램의 결과를 변수로 하는 시나리오 세 가지를 그려보았다. 시나리오 분석 결과 가장 낙관적인 시나리오에서조차 효과가 미미하게 나타났고, 고생을 무릅쓸 가치가 없는 것으로 보였다. 결국 기업은 매각되었다.

논리와 팩트, 가정을 조합하여 결론을 얻고 행동 방안을 정하고 난 후에 할 수 있는 일이 하나 더 있다. 결과의 안정성을 검증하기 위한 민감성 분석이나 시나리오 분석이다.

'민감성 분석'은 단 하나의 가정에 초점을 맞춘다. 그리고 그 가정을 검증하기 위해 전체 모델을 다시 돌린다. 가정한 수치를 두 배로 높이거나 반으로 줄여도 결과가 변하지 않으면 그 가정의 옳고 그름은 크게 중요치 않으며, 해법이 안정적이라고 볼 수 있다. 반대로 결과가 바뀐다면 가정의 신뢰도를 높일 방법을 강구해보거나 다른 해법을 생각해볼 수 있다.

2장에서의 말리 사례를 보자. 만약 지난 20년간의 평균 강수량을 기준으로 저수 시설과 양수기의 깊이를 계산했다면, 동일 기간 중 최소 강수량이 절반으로 줄어든 가뭄이 2년간 지속될 경우, 어떤 결과가 나올지 계산해보아야 한다. 마찬가지로 지난 20년간의 최대 강수량을 기준으로도 계산해보면 저수 시설의 용량이 충분한지에 대한 판단이 가능해진다.

민감성 분석의 범위는 당면한 문제의 성격에 달렸다. 어떤 요소의 최대치와 최소치는 모두 가정일 뿐이라는 점을 명심하라. 경험상 예상치의 갑절이나 절반 수치를 적용해보는 것이 바람직하고, 유사 사례의 최고·최저치나 전문가 의견을 참고하는 것도 유용하다.

페어리 아일랜드의 사례에서 민감성 분석을 수행했더라면 프로젝트의 성공이 예상 방문객 수에 재정적으로 몹시 민감하다는 사실이 드러났을 것이다. 그에 따라 심층 분석이나 다른 투자 계획이 뒤따랐어야 한다.

'시나리오 분석'에서는 변수 하나가 아니라 여러 개를 동시에 변화시켜 가장 가능성 높은 시나리오, 가장 낙관적 시나리오, 가장 비관적 시나리오 세 가지를 그려본다. 낙관적 시나리오에서는 모든 변수들이 긍정적으로 실현된다고 가정한다. 예를 들어 페어리 아일랜드 사례에서는 방문객 수와 방문객당 지출액이 증가하고, 투자비용이 하락한다고 가정한다. 반대로 비관적 시나리오에서는 모든 가정이 부정적으로 실현된다고 가정한다. 의사결정자들은 이처럼 다양한 시나리오들을 검토하고 어떤 시나리오가 가장 가능성이 높은지 직접 판단할 수 있다.

일상적 상황에서는
가벼운 접근법

앞서 설명했듯이 가벼운 접근법은 진지한 접근법보다 적은 노력이 필요하다. 두 접근법의 특성을 대조하여 도표로 나타내보았다.

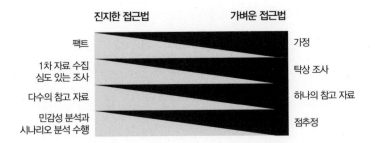

진지한 접근법		가벼운 접근법
팩트		가정
1차 자료 수집 심도 있는 조사		탁상 조사
다수의 참고 자료		하나의 참고 자료
민감성 분석과 시나리오 분석 수행		점추정

가벼운 접근법을 택하면 진지한 접근법을 택했을 때와는 달리 많은 투자가 필요하지 않다. 진지한 접근법에서는 합리적 의혹을 떨칠 수 있는지를 확인해야 하지만, 가벼운 접근법에서는 단지 합리적인 결과를 얻는 것으로 충분하기 때문이다.

일상적 상황에서는 오히려 가벼운 접근법으로 문제를 쉽게 해결할 수 있는 경우가 많다. 중요한 것은 가벼운 접근법이 언제 적합한지, 그리고 가벼운 접근법과 생각 없는 접근법의 차이가 무엇인지를 숙지해야 한다는 점이다. 이 두 가지만 명심하면 언제든 적절한 방법을 선택할 수 있다.

페어리 아일랜드의 사례에서는 시장 규모를 테마파크 연간 방문객 수로 규정했다. 프로젝트 팀의 누군가가 방문객 수가 크게 변화할 가능성이 있는지 물었다면, 아마 그럴 가능성이 없다는 대답이 돌아왔을 것이다. 그러므로 방문객 수라는 요소의 분석에는 시간과 노력을 아껴도 된다. 가벼운 접근법을 택하여 2년 전의 시장 규모를 그대로 예측에 적용해도 충분하다.

가벼운 접근법과 진지한 접근법을 이분법적으로 구분할 수는 없다. 두 접근법 사이에는 물론 회색 지대가 있고, 언제 어떤 방법을 사용해야 한다는 규칙도 없다. 다른 의견을 참고하여 신뢰도를 높여야 할지, 아니면 기본 분석으로도 충분할지에 관한 결정은 당신에게 달려있다.

합리적 의혹을
떨쳐내는 기술

⟲　　　겉모습만 봐서는 본질을 파악할 수 없다. 혁신적인
변화는 혁신적인 통찰력에서 비롯된다. 그리고 혁신적인 통찰력은
새로운 논리와 새로운 사실에서 나온다. 기원전 330년경 아리스토
텔레스는 남쪽으로 향하는 여행자들에게 남쪽 하늘의 별자리가 지
평선에서 더 멀리 떨어진 것처럼 보인다는 사실로부터 지구가 구
형이라는 증거를 찾아냈다. 남반구에서 보는 지평선이 북반구에서
보는 지평선과 비스듬한 각도를 이루고 있다는 추론에서 자연스럽
게 지표면이 평평하지 않다는 결론을 얻은 것이다. 아리스토텔레스
는 또한 부분월식이 일어날 때 달과 지평선 사이의 거리와 상관없
이 지구의 그림자가 항상 원형이라는 사실을 관찰했다. 원판은 바

로 위나 아래에서 보지 않으면 타원형의 그림자를 드리우므로, 자연스레 언제나 원형 그림자를 드리우는 지구는 구형이라는 결론에 다다른다.

아리스토텔레스는 그당시 이 모든 팩트를 제시하고도 많은 비난을 받았다. 팩트조차 없었다면 그는 몽상가나 바보 취급을 받았을 것이다. 오늘날에는 그의 주장이 설득력 있다. 해와 달이 구형인데 지구만 다른 모양일 이유가 있겠는가? 그러나 아리스토텔레스의 시대에는 달에서 지구의 사진을 찍어 보여줄 수 없었다.

아리스토텔레스와 마찬가지로 우리는 기업의 미래를 사진으로 찍어 확인하고 성공을 보장할 수 없다. 다만 사실을 모으고, 여러 자료와 민감성 분석, 시나리오 분석을 통해 가설들을 검토하여 합리적 의혹에서 벗어날 해법을 만들 수 있을 뿐이다. 우리는 정답이 없는 상황에 놓여 있지만, 지혜를 발휘할 수는 있다. 지혜는 단순한 의견이나 창의적 워크숍이 아니라 견고한 논리, 세밀한 사실, 검증된 전제, 그리고 성실한 노력 속에 숨어 있다.

〈핵심 원칙 정리〉

1. 합리적 의혹을 벗어날 방법을 모색하라.

2. 논리가 없는 분석은 쓸모가 없다. 분석틀을 활용하라.

3. 노력을 구분하라. 핵심 질문과 가설은 진지하게, 나머지는 가볍게 접근하라.

4. 사고방식의 변화를 이끄는 진지한 접근법은

   a. 사실을 기반으로 한다.
   b. 1차 자료를 기반으로 한다.
   c. 여러 참고 자료로 가정을 검증한다.
   d. 민감성 분석과 시나리오 분석으로 결과를 검증한다.

THINKING BACKWARDS

Chapter 4

해법 도출하기 :

목표를 달성하는 행동의 법칙

진짜 변화를 원한다면
행동하라

↺   UN 안전보장이사회는 UN 결의안 1881호에서 30만 명 이상이 사망한 수단_{Sudan}의 내란을 언급했다. 다음은 결의안에서 발췌한 내용이다.

"다시금 밝히건대 우리는 수단의 자주권, 통일성, 독립성을 강력히 지지하며 수단이 현재 맞닥뜨린 여러 어려움을 헤쳐나갈 수 있도록 조력할 것이다. 우리 안전보장이사회는 특히 평화유지군을 전략적으로 배치할 필요성에 대해 강조하고 싶다. 2007년에 결의안 1769호를 채택한 후 두 해가 지났지만, 다르푸르_{Darfur}에서는 여전히 심각한 안보 문제와 인권 퇴보가 계속되고 있으며 민간인에 대한 공격도 되풀이되고 있다. 우리는 다르푸르 분쟁에 관련된 모든 이들이 즉시 민간인, 평화유지군, 인권운동가에 대한 폭력과 공격을 중지하기를 요구한다. 앞으로도 이 문제에 대해 계속해서 주의를 기울이겠다."

한마디로 요약하면, 서로에게 총구를 겨누고 있는 수단 사람들에게 싸움을 멈추길 요청하는 내용이다. 그러나 이 결의안은 수단과 먼 곳에서, 그들이 이해하지 못하는 언어로 작성되었다. 만약 수단 사람들이 전쟁을 멈추지 않는다면 UN은 어떻게 대처할 것인가?

해법이란 이미 정체가 밝혀진 문제나 기회에 대한 대답으로, 목표를 명확히 담고 있어야 한다. 그런데 여기서 대답이 될 수 있는 것은 흥미로운 아이디어나 좋은 의도가 아니라 오직 개입뿐이다. 위의 UN 결의안은 확실히 개입과는 거리가 멀다.

분석 단계를 완수하는 것은 해법을 개발하기 위한 준비 단계에 지나지 않는다. 분석틀과 실제 분석 결과를 결합하여 행동 경로를 제안하는 창의적 단계가 뒤따라야 한다. '행동 경로'란 기업이 움직여야 하는 방향으로, 성장, 아시아 시장 진출, 비용 경쟁 우위, 신제품 도입, 포트폴리오 집중, 고객 만족도 개선 등을 의미한다. 불행히도 행동 경로를 정했다고 해서 문제가 해결되거나 목표가 달성되는 것은 아니므로, 행동 경로는 빈 틀과 같다. 그 이상으로 나아가려면 개입을 해야 한다.

Chapter4 해법 도출하기

가령 비용 면에서 업계 1위 자리를 노리며, 5%의 비용 경쟁력을 목표로 삼았다고 해보자. 이 목표를 실현하기 위해 무엇을 해야 할까? 두 가지 대안이 있다.

(a) 공장 세 곳을 폐쇄하고 250명을 해고하여 본사 비용을 25% 감축한다.

(b) 조달/생산/물류 분야에서 규모의 경제를 실현하기 위해 여러 업체를 인수하여 몸집을 키운다. 이를 실행하기 위해 4억 유로 가치의 주식을 발행한다.

이 정도 수준의 대안들은 이미 구체적 해법으로 간주할 수 있다. 문제풀이 과제를 끝마치고 기업의 목표와 행동 경로에 부합하는 결정적 개입 방안들을 찾아냈기 때문이다. 이처럼 해법에는 목표를 달성하기 위한 개입 방안이 필요하다.

문제 해결은 종종 문제에 대해 어떤 조치를 취하는 것과 혼동된다. 사람들은 건강 문제를 해결하려고 일주일에 한 번 운동하고, 맥도날드에서 일반 콜라 대신 다이어트 콜라를 주문한다. 기업들은 환경을 위해 전구를 에너지 절약형으로 교체하고, 특별히 환경 친화를 주제로 사보를 발행하거나 자전거 행사를 후원한다. 그러나 이 모든 것은 아무리 중요한 개입이라고 부풀려 말해도 근본적 변화를 가져오지 못하는 미봉책, 다시 말해 겉치레에 불과하다. 보기에 그럴듯하고 고통도 따르지 않아 누구나 쉽게 실행할 수 있는 개입 방안들은 쉬운 만큼 점진적 변화 이상은 가져오지 못한다. 제대로 된 해법이라면 목표를 달성할 때까지 끊임없이 개입해야 한다.

진짜 변화를 원한다면 행동하라. 목표를 위해서라면 구매, 매각, 구축, 혁신, 대체, 파괴, 개발 등 수단과 방법을 가리지 말아야 한다. UN 안전보장이사회의 사례처럼 결정하고, 요청하고, 확인하는 것으로는 어떤 목적지에도 다다를 수 없다. 제대로 된 권고안은 취해야 하는 개입 방안의 목록을 포함해야 한다. 만약 2장에서 다룬 해법 접근법을 선택했다면 헤매지 않고 곧바로 해법 탐색 단계를 시작할 수 있을 것이다.

많은 권고안은 한 가지 선택지에만 집중한다. 그런데 생각해 보라. 상점에서 고가의 상품을 구매하려는데 영업사원이 특정 제품 하나만을 권유한다면 대부분의 사람이 화를 낼 것이다. 이는 기업의 상황에서도 마찬가지다. 단 한 가지 선택지만을 권한다는 것은 의사결정자의 판단력을 불신하거나, 다른 행동 경로를 생각해내는 데 실패했다는 뜻이다. 두 가지 경우 모두 문제 해결 과정에서 핵심적인 부분을 최적화하지 못한 결과다. 선택지를 하나밖에 찾지 못했다면 노력이 부족했다는 증거다. 의사결정자들에게는 적어도 두 가지 이상의 좋은 대안을 제시해야 한다. 그래야 각 선택지의 장단점이 분명히 드러나고, 행동 경로를 심도 있게 검토하여 어떤 조치를 취사선택할지가 명확해진다.

각각의 해법을 세 가지 질문으로 검증하라.

(1) 목표가 있는가?

(2) 행동 방안이 있는가?

(3) 목표와 행동 방안을 연결하는 논리에 설득력이 있는가?

UN의 사례에서 두 가지 선택지가 있었다고 상상해보자.

(1) 군사 개입으로 수단 정부를 해산시킨다.

(2) 결의안을 팩스로 보낸다.

여기서 두 번째 선택지를 고른다면 당연히 UN 안전보장이사회가 수단 국민들의 생명에는 전혀 관심이 없으며, 팩스를 보내는 것은 아무 의미가 없다는 지적이 뒤따를 것이다. 군사 개입이라는 첫 번째 선택지도 좋은 개입 방안으로 판단되지 않는다면, 목표를 달성하기 위해 다른 시나리오를 구상해야 한다. 이처럼 목표와 여러 선택지, 제한 요소 사이에 상호작용이 일어나는 것은 바람직한 현상이다.

해법을 완성하기 위해서는 자원을 투입해야 하고, 목표를 달성하려면 꾸준히 모니터링을 해야 한다. 우리는 조치를 취하기로 결정했으나 결과적으로 아무런 성과가 없어 실망하는 CEO를 여럿 보았다. 이런 사례들의 공통점은 자원이 투입되지 않았고, 상부로부터 추후 개입이 없었고, 잦은 모니터링이 이루어지지 않았다는 점이다. 다시 말해 CEO는 단지 아이디어만을 보고 결정을 내린 셈이다.

견고한 개입 방안은 실제 조직을 염두에 둔다.

'프로젝트 발주자는 누구인가?'

'프로젝트를 이끄는 사람은 누구인가?'

'프로젝트의 실무자는 누구인가?'

'누구에게, 얼마나 자주 보고할 것인가?'

사실 가장 먼저 검증해야 하는 것은 조직이 해법을 시행할 역량을 갖추었는지의 여부다. 계획을 실행할 적임자를 찾다보면 실행 가능성이 문제로 부상할 수 있고, 조직이 원하는 것과 할 수 있는 것에 괴리가 있는 상황도 종종 있다. 여기서 던져야 할 핵심 질문은 '당신의 기업에 지금 세운 계획을 수행할 역량이 있는가'이다. 만일 역량이 모자란다면 역량을 키울 방법을 찾거나 다른 해법을 다시 찾아봐야 한다.

마지막으로 모든 대안을 재정적으로 검토해보는 것도 중요하다. 각각의 대안에서 예상되는 수익, 투자, 비용을 그래프로 그려보라. 3장에서 설명한 분석과 가정들이 이 단계에서 재정적 전망으로 편입된다.

최소한 두 가지
좋은 해법을 확보하라

↺ 에라스무스_{Erasmus} 대학 경영대학원의 시장점유율은 급락하고 있었다. 교수진은 지출을 줄이고 마케팅 캠페인을 하나 더 시행하는 것으로 대응하려 했다. 반면 젊은 학자 몇몇은 시장점 유율 문제에 '바람과 함께 사라지다'라는 이름을 붙이고 다른 해법 을 고심해보기로 했다. 그 결과 세 개의 시나리오가 이사회에 제출 되었다.

(1) 명실상부 국제적인 학교로 변신한다. 모든 수업을 영어로 진 행하고, 교직원과 학생의 50%를 외국인으로 구성한다. 강의 의 25%는 해외 교환 프로그램으로 기획하며 연구 역시 국제 적인 면으로 제한한다.

(2) 최신식 학교로서 입지를 다진다. 매년 25% 이상의 커리큘럼
과 연구 프로그램을 갱신하여 재정 부문 구조조정, 지속 가능
성의 경제학, 다문화 팀 관리 등 최신 이슈를 다룬다.

(3) 사례 중심의 강의와 연구를 강점으로 내세운다. 최고 경영자
초청 강의를 기획하고, 학술지가 아니라 경영지에 논문을 실
을 수 있도록 커리큘럼을 새로 짠다.

위의 시나리오들은 모두 경영대학원의 기존 강점 가운데 하나를
택해 경쟁력을 지속해서 제고시키는 방안이다. 그러나 직원들, 학
생들, 커리큘럼에 미칠 영향을 고려했을 때 이 중 무엇이 최선의 선
택지인지는 아직 확실하지 않다.

비가 오는데 우산이 없다. 이때 당신은 국내 최고의 명성을 자랑
하는 우산 가게로 운전해 가서 다양한 우산에 관한 조언을 듣고 실
제로 몇 개를 펼쳐 본 다음 우산을 사겠는가? 아니면 맨 처음 눈에
띈 4유로짜리 우산을 사겠는가? 당연히 후자다. 하지만 자동차를
살 때는 가능한 선택지를 모두 알아보고, 비교해보고, 장단점을 검
토한 후 심사숙고하여 선택을 내리는 것이 논리적이다. 그런데도
대다수의 경영 계획과 프로젝트 보고서가 단 한 가지 해법만을 제
안하는 이유는 무엇일까?

해법을 하나밖에 찾지 못했다면 그 이유는 아마 프로젝트 팀이

이 책에서 설명한 문제 해결 절차를 따르지 않았기 때문일 것이다. 목표를 기준으로 분석틀을 고안하면 자연스럽게 대안이 도출된다. 지금쯤이면 독자도 하나의 해법을 빙빙 맴도는 것은 무의미하며, 다양한 해법을 놓고 장단점을 비교하는 것을 프로젝트의 핵심으로 삼아야 한다는 점을 분명히 느꼈을 것이다. 해법은 다다익선이라는 사실을 명심하라. 제안된 해법에 대한 판단을 바꿀 때마다 길을 돌아간다는 느낌이 들지 모르겠지만, 실은 겉보기와는 반대로 가장 빠른 지름길로 나아가고 있는 것이다.

 분석 단계를 반쯤 진행했을 때부터 해법을 개발하는 시간을 배정하라.

핵심 분석에서 합리적 의혹을 떨쳐낸 후에는 구체적인 행동 경로를 정해야 한다. 분석틀에서 해법 접근법을 택하고, 빈틈없이 분석을 수행했다면 상대적으로 쉬운 단계가 될 것이다. 반면 질문 접근법이나 단계별 접근법을 택했다면 분석 내용을 해법으로 연결하는 단계가 몹시 중요하다. 하위 질문의 대답들을 엮어서 종합적인 행동 경로를 만들려면 어떻게 해야 할까? 세부적인 정보를 고차원적인 해답으로 연결하기는 쉽지 않다. 따라서 우리는 이 단계에서 팀원들이나 다른 파트너와 터놓고 논의하기를 권한다.

해법을 개발하는 단계에서는 팀 구성과 팀 역학이 매우 중요하게 작용한다. 그런데 이때 흔히 볼 수 있는 실수가 하나 있다. 누군가 잠재적 해법을 제안했을 때 다른 팀원들이 그것을 성급히 공격하는 것이다. 이는 논의가 시작되고 몇 분 안에 모두가 손에 쥐고 있던 패를 잃게 만드는 악수다. 해법의 개발과 평가에 너무 짧은 시간을 배정하면 한두 개의 해법에 대해 실행해서는 안 되는 이유만을 논하게 된다. 이런 상황에서는 아무리 토의해봐야 타협안이나 단점을 없애는 데 급급한 대안밖에 나오지 않는다.

새로운 대안을 추가하거나 기존 해법을 개선할 수 있는 경우에만 반박을 허용하라. 브레인스토밍은 재미로 하는 것이 아니고, 최초로 고안해낸 대안 주위로 견고한 성벽을 쌓아 올리는 것은 부질없는 짓이다. 비가 내리고 있는데 어떤 우산을 살지 정하기 어렵다면 영화관으로 피신하는 제3의 방법을 생각해볼 수도 있다. 최고의 해법은 누가 처음 생각해냈는지 모르는 아이디어, 모두 자신이 떠올렸다고 주장하는 생각에서 나온다. 이사회 프레젠테이션을 하루 앞두고 해법을 바꿔야 한다 해도 걱정할 필요가 없다. 오히려 프로젝트를 진행하는 몇 주 동안 해법에 전혀 변화가 없다면 문제가 있는 것이다. 해법의 변화는 곧 개선을 뜻하기 때문이다.

대안 없이 기존 해법을 공격하지 못하게 하라.

해법에 동의하기 싫으면 대안을 제시하라.

특히 근본적인 변화를 원한다면 고정관념을 타파하고 패러다임을 바꾸어 신선한 해답을 찾고, 시작부터 다시 생각해야 한다. 한 개인의 직감이 단번에 맞아떨어질 확률이 얼마나 되겠는가? 창밖의 주차장만 보아도 사람들이 별로 창의적이지 않다는 사실을 잘 알 수 있다.

혁신적인 해법이 탄생할 수 있는 환경은 다음 세 가지 기준을 충족할 때 조성된다.

(1) 분석틀과 분석 결과를 준비한다.

(2) 시간을 넉넉히 확보한다.

(3) 긍정적인 분위기를 유지한다. 나쁜 아이디어란 없다.

대안이 구체화되기까지는 토론을 여러 번 되풀이해야 할 테니 인내심을 가져라.

창의적 워크숍 조직하기

한 도매금융기업의 국제화 팀 관리자들이 세 시간짜리 워크숍에 참가했다. 워크숍이 끝날 무렵 참가자 한 명이 선언했다.

"은행가도 창의적일 수 있습니다."

이 워크숍의 참가자들은 평소 규칙적으로 회의를 하고 있었지만, 그 회의의 내용은 고작 지역 시장에서 얻은 성과를 뽐내고 모든 것이 순조롭다고 보고하는 정도였다. 기존 회의에서는 새로운 지식을 나누거나 시너지를 얻을 수 없었고, 생산성도 전혀 없었다.

회의가 몇 차례 실망스럽게 끝나자 누군가 신사업 개발에 초점을 맞춘 새로운 방식의 회의를 제안했다. 새로운 워크숍에서는 말도 안 되는 아이디어 생각하기, 과거에 기각된 아이디어 재고하기 등 네 가지 주제를 활용하여 사업 아이디어를 내야 했다. 놀랍게도 한 시간 만에 120개나 되는 아이디어가 쏟아져 나왔다. 다음 단계로는 서로의 아이디어를 검토하며 오로지 긍정적인 의견만을 덧붙였다. 부정적인 생각은 아예 허용되지 않았다. 마지막으로는 모두가 적어도 한 개의 아이디어를 선택해서 파고들었다. 팀 단위로 여러 개의 사업 기회를 생각해낼 수 있다는 점에서 참가자들은 이

회의를 긍정적으로 평가했다.

이 워크숍에서 확실한 성과를 얻을 수 있었던 것은 다음 세 가지 이유 때문이었다. 첫째로 한 세션을 3시간으로 구성했다. 어려운 문제에는 적어도 2시간을 할애해야 하므로, 한 세션에서 문제 하나를 해결할 수 있도록 한 것이다. 둘째로 '나쁜 아이디어는 없다'는 생각에서 아이디어를 탐색하는 동안에는 평가를 금지했다. 최소 50개의 아이디어를 떠올리는 것을 목표로 했으므로 참가자들은 안이한 사고방식을 버려야 했다. 셋째로 아이디어의 리스크나 단점을 아예 생각지 않고 긍정적으로 받아들이게 했다. 그 결과 위험 요소가 남아 있는데도 많은 참가자가 마음에 드는 아이디어를 선택하고, 그것을 전개하는 데 전념했다.

해법을 결정해야 하는 의사결정자 입장에서도 해법이 하나뿐인 상황은 바람직하지 못하다. '실행' 또는 '보류' 두 가지 결정밖에 내릴 수 없기 때문이다. 이는 의사결정자들의 지적 능력을 무시하는 처사이며, 대안들 사이의 장단점을 비교할 수 없다는 단점이 있다. 무엇보다 큰 문제는 해법을 최적화시킬 수 없다는 점이다. 결과적으로 해법이 하나뿐인 경우에는 문제 해결 과정 자체가 최적화될 수 없다.

휴양 리조트를 디자인해야 한다고 가정해보자. 예술적 영감을 끌어모아 수영장, 레스토랑, 숙소, 주차장, 놀이터 등을 디자인하면 근사한 밑그림을 얻을 수 있다. 다음으로 수영장 미끄럼틀의 안전성, 공중 화장실의 개수, 레스토랑까지의 도보 거리 등 핵심적이지 않은 문제점을 조정하고 나면 디자인이 완료된다. 다른 대안이 없으므로 모두가 디자인을 칭찬하고 디테일에 대해 토론하겠지만, 속으로는 다른 생각을 하고 있을 게 뻔하다.

반대로 휴양의 목적을 휴식, 사교, 운동 세 가지로 분류하고 시나리오를 개발할 수도 있다. 휴식을 주제로 한다면 카펫을 깔고 칸막이로 자리를 나눈 레스토랑과 사적인 분위기의 전망 좋은 정원, 마사지 서비스를 제공해야 한다. 사교를 목적으로 하는 리조트에는 사교용 대형 테이블과 피크닉용 공터, 살사 수업이 어울린다. 운동을 원하는 손님들에게는 이동식 가구를 놓은 바비큐 레스토랑과

산악자전거 통행로, 윈드서핑 시설이 필요하다. 어떤 시나리오를 선택할지 결정하기 위해 타깃 그룹, 경쟁 포지셔닝, 테마 공간, 상충되는 장단점 등에 관해 토론하다 보면 의견 대립과 갈등을 겪으며 점차 현실적인 선택이 가능해진다. 이는 중요하지 않은 디테일이 아니라 핵심적 요소를 놓고 토론이 벌어진다는 점에서 바람직한 문제 해결 방식이다.

 '당신이 사장이라면 어떻게 하겠는가?'
항상 이 질문에 대한 답을 생각하라.

단 하나의 대안만을 제시하는 것보다 더 나쁜 것은 가짜 대안과 비교하는 것이다. 예컨대 세제 광고에서는 광고하는 상품 A가 다른 상품 B보다 절대적으로 훌륭하다는 식의 비교다. 이런 비교는 시간 낭비일 뿐이며 둘 중 월등한 해법에 대해 비현실적인 기대를 하게 만든다. 누가 봐도 열등한 가짜 해법은 버려져야 한다. 다만 핵심 의사결정자가 제안한 해법이라면, 실행 가능성을 진지하게 검토한 후에 기각시켰다는 점을 확실히 드러내라.

개입 방안을
생각하라

↺　　　　한 항공사가 정시성을 95%까지 끌어올리기 위해 지
상 팀을 새로 구성하고 각 팀에 게이트를 2~3개씩 배정했다. 각 게
이트 위에는 출발까지 남은 시간을 보여주는 시계를 설치했다. 모
두가 나름대로 최선을 다했다. 시간을 맞추기 위해 화물을 다음 비
행편으로 보내는 것도 꺼리지 않았으며 설비가 부족하거나 위급
상황이 발생하면 중앙의 지원 팀에 도움을 요청했다. 각 팀 리더들
은 매주 정시성 개선 추이와 소요 비용에 대해 보고받았다. 성과가
부진한 팀은 코치가 방문해서 개선하거나 다른 팀으로 대체시켰다.
그 결과 새로운 지상 팀은 조직의 역할과 책무Role and Responsibility, 그리
고 부서 편성 면에서 전과는 완전히 다른 모습을 보였다.

변화를 만들어내고, 목표를 달성할 수 있게 하는 힘은 다름 아닌 개입에서 나온다. 조직의 행보를 바꿀 정도로 중요한 프로젝트를 수행한 적이 있는가? 조직이 그 프로젝트를 성공으로 이끌기 위해 실제로 한 행동을 세 보면 3~5개에 그칠 것이다. 돌이켜보면 당연한 사실이다. 정말 변화를 원한다면 핵심 레버, 즉 핵심 개입 방안을 얻어내는 것이 중요하다.

 계속해서 자문하라.
'사람들을 움직이게 하는 요인에는 어떤 것이 있을까?'

개입의 목적은 필요한 변화를 이끌어내서 정해진 목표를 이루는 것이다. 그런데 어느 정도의 개입이면 목표를 달성할 수 있을지 판단하기가 쉽지 않다. 구조조정을 시작한 지 3년이 지난 한 기업의 이사회 회의에서 이제 자율적 성장을 추구해도 되겠다는 결론이 내려졌다. 새로운 국면에 돌입한 회사에게는 새로운 의제와 지금까지는 다른 리더십이 필요했으므로, 그 자리에 참석한 이사진들이 앞으로의 직무에 적합한지에 대한 토론이 곧바로 벌어졌다. 이처럼 핵심 성공 요소를 알아내기 위한 질문들은 언제나 환영해야 한다.

고객 만족도, 제품 품질, 혁신 면에서 리더가 되겠다고 '결정'한 후에도 해당 분야에 자금을 투자하지 않는 회사들이 많다. 어쩌면

꿈을 꾸되 그 실현에 따르는 고통은 피하고자 하는 것이 인간의 본성일지도 모르겠다. 그러나 기껏 목표를 세웠어도 고통스러운 개입을 피하면 무용지물이 된다. "이런 개입으로 목표를 달성할 수 있겠습니까?"라는 질문에 확실히 "네."라고 대답할 수 있도록 준비하라.

 근본적 변화를 불러올 거창한 해법을 실행하기 위한 개입 방안이 쉬운 것들뿐이라면 무언가 잘못되어 있다.

개입의 수준을 결정하려면 판단이 필요하다. 어떤 관리자들은 이렇게 말한다.

"그 목표를 이루려면 필요한 게 많아요. 저희 경영진을 전부 교체해야 하고, 새로운 IT 시스템과 신뢰할 수 있는 물류 시스템도 필요하고……."

반면 이렇게 말하는 사람들도 있다.

"어려운 점이 몇 가지 있긴 하지만, 할 수 있습니다."

전자의 관리자들은 모든 것이 완벽해지기 전에는 절대 책임지지 않을 것이다. 하지만 개입에 많은 것이 필요하다는 것은 엄연한 사실이다. 적합한 개입 방안을 생각해내는 데는 지혜와 준비가 필요하다. 새로운 벤처 사업을 시작한다고 생각하는 것도 하나의 방법이다. 사업을 처음부터 다시 시작한다면 무엇이 필요할지 생각해보고, 거기서 얻은 개입 방안들을 현재 상황과 비교해보라. 또 다른 방법은 포트폴리오 변화(합병, 매각, 폐쇄, 인수), 경영 정보/경영 지표/경영 구조/경영 책무, 자원(품질과 인력), 종교, 인력과 프로세스 및 인터페이스와 관련된 전형적인 개입 방안들을 살펴보고 적당한 것을 골라 쓰는 것이다.

 변화의 성공 여부가 신규 IT 시스템의 성공적 도입에 달려있다면, 차라리 다른 개입 방안을 찾아보라.

개입에는 '달콤한' 개입과 '씁쓸한' 개입, 두 종류가 있다. 전자는 신규 기술 도입, 훈련/코칭, 설비 증설, 금전적 보상 등이고 후자는 해고, 배치전환, 평가, 폐업 등이다. 당연히 보통 사람들은 달콤한 개입을 극대화하고 씁쓸한 개입을 최소화하려 한다. 해법이 여러 사람에게 영향을 미칠수록 씁쓸한 개입 방안은 나오기 어렵다. 예컨대 많은 이들이 참여한 워크숍에서는 달콤한 개입 방안만이 거론되기 십상이다. 현실적으로 씁쓸한 개입 방안의 실행이 더 어렵기도 하다. 하지만 씁쓸한 행동 방안은 행동의 범위를 크게 넓혀준다. 경험상 직원들은 변화 프로그램이 너무 '달콤'할 경우 그 프로그램을 신뢰하지 않으며, 배후에 설명되지 않은 부분이 있으리라

고 생각한다. 그러므로 달콤한 개입 방안과 씁쓸한 개입 방안을 잘
조화시키는 것이 중요하다.

목표와 역량을
맞춰라

↺ 　　　　　2002년에 네덜란드의 공익사업 기업인 누온Nuon 은 시
카고의 235,000 가구에 수도를 공급하고 있던 유틸리티스 주식회
사Utilities Inc.를 약 4천만 유로에 인수했다. 국제화를 노린 대담한 행
보였지만 업계 전문가들은 수입원의 8배나 되는 인수 가격이 터
무니없다고 평했다. 게다가 누온은 미국 시장에 대한 지식이 없어
현지에서 자리를 잡지 못한 상태였고 국제 시장에서도 경험이 없
었다. 아직 공기업에 준하는 위치에서 독점 운영 중이었고, M&A
실적도 없었기 때문에 경영 능력 또한 의심스러웠다. 이처럼 필요
한 역량을 갖추지 못한 누온이 인수를 성공으로 이끌 수 있었을까?
당연히 결과는 실패였다. 2006년에 누온은 큰 손해를 보고 유틸리

티스 주식회사를 매각했다.

기업의 문제 해결 과정은 일종의 예술이다. 특히 스스로의 역량을 평가할 때 그 점이 두드러지는데, 정해진 평가 도구가 없어서 오로지 판단에 의존해야 하기 때문이다.

조직이 반드시 피해야만 하는 행로가 있다. 그것을 알아내려면 우선 무엇을 잘하는지, 혹은 무엇을 잘할 수 있는지를 알아야 한다. 브랜드 정립, 혁신, 가격 경쟁, 여러 대륙을 아우르는 경영, 협력 관계 조성, 변화 경영 등에 능숙한 조직이 있는 반면 그렇지 못한 조직이 있다. 예컨대 소니Sony가 가전제품에서 가격 경쟁력을 키우거나 전통적 소매 은행이 고객 지향적인 태도를 보이기란 굉장히 어렵다. 총체적 품질경영Total Quality Management의 유행이 여러 회사를 휩쓸었지만, 그 분야에서 제록스Xerox와 도요타Toyota를 넘어서는 기업은 없다. 품질 개선 프로그램으로 여러 회사가 발전한 것은 사실이다. 하지만 경쟁적 위치가 달라질 정도로 근본적인 변화를 겪은 회사가 하나라도 있는지 생각해보라. 경쟁력에 아무런 변화가 없는데 근본적 변화라고 할 수 있을까?

역량이 목표에 미치지 못한다면 방법은 두 가지다. 목표를 바꾸거나, 역량을 키워야 한다. 전통적인 항공사가 저가항공사와 경쟁할 수 있을까? 기존 경영 모델로는 불가능할 것이다. 하지만 기존 경영 모델을 유지하면서 새로운 경영 모델을 추가하여 운영한다는 선택은 가능하고, 실제로 이 방법을 택한 항공사의 사례가 있다. 이런 근본적 변화로 항공사는 역량을 키울 수 있었다.

원하는 것을 이룰 능력이 있는지 자문해보라.

'목표를 달성할 수 있겠는가?'

'목표 달성이 불가능하다면, 어떤 조치를 취할 것인가?'

자원을 추가하거나 교체해야 할 경우 내부적·외부적 자원 확보, 협력, 인수, 대행사 계약 등을 고려해볼 수 있다. 역량 부문에서 낮은 점수를 받았다고 해서 전체 목표, 또는 특정 해법을 포기해야 한다는 뜻은 아니다. 행동 방안을 추가하거나 시간 계획을 보다 세부적인 단계로 나누는 등의 보완책이 필요할 뿐이다. 해야 할 일의 목록을 훑어보며 그 하나하나를 실행할 능력이 있는지 평가해보면 역량 판단에 도움이 된다. 그 과정에서 당면한 이슈를 확인하고 기존의 해법이나 대안적 해법, 추가적 행동 방안, 프로젝트의 시간 계획을 검증할 수 있다.

장단점을
정리해보라

↺   1944년 봄, 유럽연합군 최고사령관 아이젠하워_{Dwight} D. Eisenhower 장군은 제2차 세계대전에서 가장 중요한 결정을 내려야 했다. 그가 직면한 문제는 프랑스 상륙 작전 당일의 날씨를 마음 대로 바꿀 수 없다는 것이었다. 6월 4일 저녁, 아이젠하워는 최고 사령부를 비롯한 장교들을 소집하여 일기예보를 검토했다. 비바 람이 테라스 유리문을 거세게 두드리고 있었지만 일기예보에서 는 6월 5일에서 6일 사이에 최소 36시간 동안 비가 멎을 것이라고 예측했다. 연합군에게 어떤 선택이 최선이었을까? 상륙 실패의 위 험을 안고 작전을 진행해야 할까, 아니면 급습을 포기하고 상륙을 연기해야 할까? 최고사령부에서도 의견이 서로 엇갈렸다. 결정권

을 쥔 아이젠하워는 회의실 안을 5분 동안 거닐다가 최종 결정을 내렸다. 그 후의 일은 역사에 생생히 기록되어 있다.

우리는 미래를 예측할 수 없고, 세상에 완벽한 해법이란 존재하지 않는다. 문제 해결의 백미라 할 수 있는 이 단계에서 우리는 자신감을 가지는 동시에 겸손해져야 한다. 아이젠하워의 입장에서 한번 생각해보라. 그가 처한 상황에는 완벽한 해법이 없었고, 단지 장단점을 저울질해볼 수 있었을 뿐이다. 유독 불운한 경우라고 생각할 수도 있겠지만 근본적 변화를 가져오는 과정에는 항상 저울질이 필요하다.

우리가 학교에서 배운 이성적 의사결정 모델에서는 항상 최고의 대안이 존재한다고 가정한다. 기준을 결정하고, 기준의 중요도를 판단하고, 각각의 대안을 기준에 따라 평가하면 간단히 답이 나온다는 것이다.

하지만 우리의 견해는 조금 다르다. 우리는 여러 해법과 그에 뒤따르는 개입 방안들을 당신이 세운 기준에 대입해보고 점수를 매긴 후 장단점을 저울질해보기를 권한다. 그러기 위해서는 팩트 기반의 해법과 개입 방안을 여러 개 확보해야 한다. 정답이 하나로 정해져 있지 않은 상황에서 의사결정자들에게 정말로 중요한 질문은 주어진 논리와 팩트를 기반으로 가장 적절한 행동 경로가 무엇인지, 그리고 그 선택지에 자원과 노력을 투자할 의향이 있는지의 여부다.

해법을 물샐 틈 없이 준비하고, 장단점을 저울질한 결과를 정리하여 보고했다면 능력 있는 CEO의 반응은 다음과 같을 것이다.

"이 정도면 충분히 본 것 같군요. 장단점에 대해서는 잘 알겠습니다. 이제 결정을 내리는 건 저희 몫이네요."

능력 없는 CEO라면 결정을 내리거나 행동을 시작하지 않고, 좀 더 시간을 달라거나 더 많은 자료와 주장들을 요구할 것이다. 결국엔 리더십이 문제인 것이다. 그런데 현실에서는 프로젝트 팀이 마치 미래를 예측하여 완벽한 해법을 찾을 수 있는 것처럼 구는 경우가 있다. 여러 대안을 기준에 따라 채점하고, 최선의 행동 경로까지 직접 결정해버리는 것이다.

최종 프레젠테이션 시점보다 훨씬 이전부터 대안 평가를 시작하면 대안을 개선하거나 새로운 방안을 모색할 수 있다. 대안의 단점들이란 대체로 보완할 수 있는 것들이다. 예를 들어 인수 후보인 우드스톡Woodstock 사에 무관한 사업 부문이 있어서 매력이 떨어졌다면, 그 부문을 매각하고 인수를 진행하는 방안을 고려해볼 수 있다. 또한 어느 정도의 위험과 단점을 감수할 수 있는지에 따라 개입 방안의 목록 또한 확장되어야 한다. 이 과정에서는 대안을 가능한 범위까지 전개해보라. 프로젝트를 개시하는 회의가 아니라면 처음 매긴 점수표를 이사회에 보여줘서는 안 된다.

대안 평가는 점수를 매길 기준을 정하는 데서 시작한다. 기준은 보통 (1) 목표(기업적 가치), (2) 역량(성공 가능성), (3) 이해관계자들의 손익 세 가지로 분류할 수 있다. 위험, 실행 가능성, 유연성, 복잡성과 같은 일반적 기준도 있지만 대부분의 기준은 위의 세 가지 분류에 속한다. 역량과 이해관계자들의 손익을 염두에 두고 대안을 수정하거나 강화시킬 수는 있으나 그 때문에 대안이 거부당하는 주객전도 현상이 일어나서는 안 될 것이다.

분석 단계를 제대로 수행했다면 대안 평가에 필요한 자료는 전부 준비되어 있을 것이다. 우리의 목표는 가급적이면 팩트를 기반으로 대안을 평가하는 것이다. 장점과 단점을 길게 늘어놓는 것만으로는 근본적 변화를 불러올 결정을 내리기에 부족하다. 개인의 선호에 따라 주관적인 점수를 부여하는 실수를 범할 수도 있다. 프로젝트 팀은 단지 팩트와 가설만을 투명하게 제시하고, 판단은 의사결정자에게 맡겨야 한다.

대안을 평가하는 첫 번째 기준은 프로젝트의 '목표'다. 즉, 각 대안에서 어떤 결과가 기대되는지가 중요하다. 가능하면 목표를 전략적 부문(시장점유율, 업계 리더 포지션, 규모의 이점, 경쟁력)과 재정적 부문(수익 성장률, 비용 절감, 순현재가치, 현금 흐름, EBIT, 재정적 위험)으로 나눠보라. 대안의 재정적 면을 평가하려면 각 대안에 대해 기업효용을 계산해보라.

당신이 세운 재정적 모델의 기반이 되는 핵심 가설을 확실히 이해한 후 의사결정자에게 그 내용을 전달해야 한다는 점을 명심하라. 하키채형 곡선이 나온다면 현실성이 떨어진다고 판단해도 된다.

다음 기준은 '역량', 즉 성공적으로 프로젝트를 수행할 수 있는지의 문제다. 이는 점수를 매기기 어려운 기준이며 평가 과정에서 생략되기도 한다. 가장 평가하기 쉬운 역량은 재정적 역량이다. 조직적 역량은 통합, 국제적 확장, 자동화, 혁신, 구조조정, 조직 재편, 턴어라운드 등을 수행할 수 있는 능력을 뜻한다. 기능적 역량은 경영, 영업, IT, 엔지니어링, 물류 부문의 능력을 말한다. 마지막으로 평가해야 할 역량은 인재다. 이 프로젝트를 성공시킬 인재를 확보했는가? 검증할 수 있는 역량을 늘어놓자면 한도 끝도 없으므로 당면한 이슈에 따라 필요한 요소만 검토하라.

역량에서 낮은 점수를 받았다면 곧바로 역량을 보강한 후 해법을 실행하면 된다. 하지만 모든 것이 쉽게 조정될 수 있는 것은 아니기 때문에, 근본적 변화를 원할 때는 역량을 꼭 고려해야 한다. 요약하자면 역량이라는 기준은 해법의 실행이 얼마나 어려울지를 말해준다. 불가능하지는 않더라도 상응하는 대가를 치러야 한다.

세 번째 기준은 '이해관계자들의 손익'이다. 이는 역량과 마찬가지로 수치화하기 어려운 부문이며 해법을 평가하는 기준이라기보다는 앞으로 필요한 행동을 알려주는 역할을 한다. 모든 조직은 다수의 이해관계 집합이므로 해법이 여러 이해관계자에게 미칠 영향을 분석하는 데는 의미가 있다. 해법을 타협하라는 뜻이 아니라, 더 많은 개입 방안을 찾거나 장단점을 잘 따져보라는 얘기다. 예를 들어 네덜란드 우편업체인 TNT는 저가 정책을 내세운 경쟁자들에 맞서기 위해 직원들에게 임금을 15% 삭감하거나, 인원을 감축한다는 두 가지 선택지를 제시했다.

역량과 이해관계 문제를 보완하여 해법에 편입시키고 나면 비로소 해법과 그에 포함된 모든 개입 방안들을 의사결정의 심판대에 놓을 준비가 끝난 것이다. 여러 대안에 점수를 매긴 다음 장단점을 저울질해보라. 일반적으로 이윤 대 물량, 실행 가능성 대 변화의 근본성, 핵심 사업 투자 대 신규 사업 투자 등이 함께 저울대에 오르기 마련이다.

의사결정자들은 말 그대로 결정을 내리는 역할을 맡았기 때문에, 장단점 비교를 핵심에 놓고 토론해야 한다. 프로젝트 팀이 특정 해법을 추천할 수도 있지만, 그것이 팀의 의무는 아니다. 의사결정은 100% 확실할 수 없으나 그렇다고 해서 도박도 아니다. 의사결정은 숙련된 선택의 문제다. 프로젝트 팀의 역할은 정보를 제공하는 것뿐이고, 궁극적으로 선택은 의사결정자의 몫이다.

해법을
개발하는 기술

세계 유아식 업계에서 선두 자리를 지키고 있던 누미코Numico 사는 2005년에 논란의 여지가 있는 인수를 진행한 후, 주가 하락을 겪었다. 누미코의 해법은 고성장, 고이윤의 영양 특화 기업이 되는 것을 새로운 목표로 삼아 턴어라운드를 시행하는 것이었다.

턴어라운드는 네 가지 개입 방안의 조합으로 이루어졌다.

(1) 비타민 사업부 매각: 수입의 50%가 줄었지만 남은 사업부문에 더욱 초점을 맞추고 리더 자리를 공고히 할 수 있었다.

(2) 발상의 전환: 대담한 성장을 노리기 위해 성숙시장이 아니라 신흥시장에 있다고 생각을 바꾸었다. 누미코는 상업 유아식

시장에서 이미 선두였지만, 대부분의 부모는 매일 직접 유아
식을 조리하고 있으니 시장 자체가 더 성장할 수 있다고 사고
방식을 바꾼 것이다.

(3) 새로운 리더십: 이사회를 비롯한 경영진의 60%가 신규 인력
이었기 때문에, 마케팅을 주 기능으로 하는 새로운 문화가 자
리 잡았다.

(4) 공격적인 성과 경영: 공격적 목표를 세우고 모니터링을 계속
했다.

그 결과 누미코는 회생했다. 업계 1위 자리를 재탈환했고, 대차
대조표의 균형을 맞췄고, 매출수익률을 거의 두 배로 높였다. 누미
코의 인상적인 턴어라운드 비결은 철저함과 야망, 꾸준함으로 요약
할 수 있을 것이다.

〈핵심 원칙 정리〉

1. 필요한 행동 방안의 목록이 빠져 있는 해법은 속빈강정과 같다.

2. 적어도 두 개의 훌륭한 대안을 확보하라.

3. 목표와 역량의 균형을 잡아라.

4. 완벽한 해법이란 없으니 장단점을 저울질해 보라.

Chapter4 해법 도출하기

THINKING BACKWARDS

Chapter 5

이해관계자의 지지 얻어내기:

사람들을 움직이게 할 리더를 찾는 법

배를
뒤흔들어라

↺　　　　계획 자체가 훌륭하다는 말로는 모자랄 정도였다. 생산 공정 개량을 통해 비용을 30%까지 절감시킬 수 있었고, 기업은 아직 성장기였으므로 인력을 감축할 필요도 없었다. 필요한 것은 부서 간 통합, 직무 재배치, 성과 관리와 새로운 작업 방식을 적용하기 위한 훈련 프로그램뿐이었는데 파일럿 테스트 결과 그조차도 며칠이면 완전히 자리 잡을 것 같았다. 운영위원회 및 프로젝트 팀에 모든 유관 부서 인력이 포진해 있었으므로 직원들의 지지를 얻어내는 것 역시 누워서 떡 먹기였다. 프로젝트 팀은 서커스 천막에서 멀티미디어 프레젠테이션을 열고 2,000명 직원에게 앞으로 겪게 될 역경과 행동 경로에 대해 설명했다. 또한 프로젝트를 추진

하는 동안 매주 소식지를 발행하기도 했다. 노동자평의회는 지척에 마련된 프로젝트 매니저 사무실로 긍정적인 의견을 보내왔다.

그러나 프로젝트는 뚜껑을 열어보니 재앙이었다. 부서 하나는 파업에 돌입했고 경영진은 하루 만에 회사 재편과 비용 절감 절차 대부분을 포기했다. 사실 경영진은 결정적 실수를 두 가지나 범했다. 경영 상부는 평사원과의 갈등을 슬금슬금 피했고, 평사원들의 분위기를 제대로 읽어내지도 못했다.

천재적인 해법이 이렇게 한순간에 사라져 버리는 비극은 드물지 않다. 많은 사람이 결점 없는 해법을 만들어내기 위해 애써 머리를 짜내도 결과는 실패로 돌아갈 수 있다. 지금까지 설명한 내용을 따라 좋은 해법을 만들어냈다 해도 아무런 소득이 없을지도 모른다. 해법을 만드는 것은 문제 해결 과정에서 절반에 지나지 않는다. 나머지 절반은 사람들을 실제로 움직이게 하는 것이다.

아무리 좋은 아이디어라도 성과로 이어지기란 쉽지 않다. 배를 뒤흔들려고 하면 사람들은 다시 균형을 잡기 위해 반발하기 마련이다. 그러니 배를 뒤흔들 작정이라면 제대로 해야 한다.

가령 경력 발전을 위해 바르셀로나로 이주할 계획을 세웠다고 치자. 모든 것을 준비한 당신은 이제 배우자를 설득하기만 하면 된다. 식탁에 앉아 배우자에게 바르셀로나 풍경 사진과 가계 소득 62%

상승이라는 솔깃한 그래프를 담은 50페이지 분량의 파워포인트 자료를 보여준다면 성공 가능성이 얼마나 될까?

아마 성공하기 힘들 거라는 생각이 들었을 것이다. 하지만 프로젝트 팀이 똑같이 큰 변화에 대해 현금 흐름이 개선될 거라고 주장하는 프레젠테이션을 하면, 오히려 부정적이거나 판단을 보류하는 반응이 드물다.

근본적 변화 프로그램에 반발과 의문이 따르는 것은 자연스럽다. 어느 정도의 저항은 해법의 잠재적 결함을 시험하고 보완할 수 있게 해준다는 점에서 긍정적이다. 서류상으로 많은 변화를 가져올 해법이 이해관계자로부터 별다른 반응을 얻어내지 못한다면 큰 기대를 걸지 마라. 해법이 진짜로 실행될 거라고 믿는 사람이 없는 것일 수도 있고, 필연적인 갈등이 훗날로 미뤄진 것일 수도 있다.

이 상황에서 필요한 것은 바로 리더십이다. 커다란 변화를 불러오려면 100% 확실하지 않은 상황에서도 사람들을 움직이게 하는 영향력을 갖춘 리더가 필요하다. 변화 프로그램의 성공 요건은 최고경영진의 지원 사격이다. 대부분 사람은 어쩔 수 없는 경우가 아니면 행동 방식을 바꾸지 않는데, 변화의 필요성은 결국 회사의 위계질서에서 나온다. 경영진들이 목표 자체에는 동의하지만 취해야하는 행동은 지지하지 않는 경우도 있다. 그러나 상부에서 충분히, 끊임없이 압박하지 않는다면 프로젝트는 용두사미로 끝날 것이다.

이 장 첫머리에서 보여준 사례도 같은 운명을 겪었다.

서류상으로 아무리 근사해 보이는 변화라도 하룻밤 사이에 일어날 수는 없다. 변화에 대해 긍정적 믿음을 갖고, 그에 따르는 어려움을 받아들이고, 새로운 미래에 헌신을 시작하려면 시간이 걸린다. 그래서 핵심 인물들을 프로젝트가 끝날 무렵에 투입해서 급히 여러 결정을 내리게 하는 것은 바람직하지 않다. 야망 넘치던 변화 프로그램이 결과적으로 점진적 변화밖에 가져오지 못하는 이유 중 하나는 핵심 인물을 뒤늦게 투입했기 때문이다.

계획이 용두사미가 되는 또 다른 이유는 해법을 놓고 타협했기 때문이다. 이사회나 경영진은 제안된 해법에서 특정 부분만을 실행하고 나머지는 지연시키거나 거부하기 일쑤다. 물론 여기에는 합당한 이유가 있겠지만, 고위 간부들은 대개 힘들거나 곤란한 행동 방안들을 피하려는 경향이 있다. 프로젝트 팀조차도 뜨거운 감자가 될 만한 일은 멀리하려 한다.

해법을 중심으로 인력을 구성하는 것이 아니라 인력을 중심으로 해법을 만들어내는 풍조에서도 그런 경향이 나타난다. "그렇게 하려면 오랫동안 근무한 관리자를 다른 인력으로 대체해야 하는데, 그 사람에게 다른 직책을 맡기기가 마땅치 않아요."라는 말을 한 번쯤 들어봤을 것이다. 해법 실행에 필요한 인력을 갖추지 못했다면 해법을 바꿀 게 아니라 인력을 바꾸어야 한다. 회사 합병이 대표적인 사례다. 다양한 시너지를 얻으려는 의도로 합병을 시작하지만 시너지를 자아낼 수 있는 통합과 혁신은 합병 과정에서 어디론가 사라져버리기 마련이다. 불필요해진 건물, IT 시스템, 브랜드, 관리자들이 단지 정리하기 번거롭다는 이유 때문에 그대로 남아있는 것이다.

원대한 비전이 보잘것없이 끝나버리는 것은 조직들이 지나치게 욕심을 내기 때문이기도 하다. 음악 프로듀서 퀸시 존스Quincy Jones는 〈더 두드The Dude〉라는 노래에서 이렇게 말했다. "수표에 지불할 수 없는 금액을 함부로 적지 마라." 프로젝트 팀이나 고위 간부는 모든 것이 가능하다고 믿기도 한다. 그러나 이는 결코 사실일 수 없다. '기회를 평가할 때 조직의 역량을 감안해야 한다'는 4장의 내용을 기억하라.

목표 달성에 실패하는 마지막 이유는 기업이 성공을 위해 조직을 변화시키지 않기 때문이다. 기업은 목표와는 모순되는 행동을 한다. 즉 프로젝트에 최고의 인력을 배치하거나 자원을 할당하지 않고, 경영진의 의제 중 우선순위로 삼아 꼼꼼히 모니터하지도 않는다. 이런 상황은 자연스럽게 실패로 이어진다. 성공을 위해 해야 하는 행동이 여러 가지 있지만, 조직을 변화시키는 것은 그중에서도 가장 중요하다.

변화 경영에 대한 지금까지의 이론에서 잘못된 점이 무엇일까?

누군가 마이크에 대고 새로운 비전을 외쳤다고 해서 사람들이 행동을 바꾸는 것을 한 번이라도 본 적 있는가? 아마 없을 것이다. 변화 경영 모델은 주로 '지지, 해빙 – 변화 – 재동결, 저항 경영' 등을 주축으로 한 심리학적 패러다임을 기반으로 한다. 이 모델들은 훌륭하고, 개개의 상황에서는 잘 들어맞지만 큰 조직에서는 얘기가 다르다.

2만 명의 직원이 근무하는 대기업이 '해빙'하거나 동기 부여만으로 변한 사례는 전무하다. 회사의 변화는 합병과 통합, 사옥 이전, 사업 부문 일부의 매각, 재무 통제의 변화, 리더십 변화 등에서 비롯된다. 사람들의 행동을, 나아가 조직을 바꾸는 것은 행동이며 따라서 변화 경영에서도 핵심은 행동이어야 한다. 팟캐스트, 소식지, 거리공연, 편지 등 사내 미디어를 주축으로 하는 변화 프로그램으로는 아무런 성과도 거둘 수 없다.

사람들은 상황에 적응한다. 따라서 상황을 바꿈으로써 사람들의 행동을 바꿀 수 있다. 사무실이나 운동 동호회 사람들에게 헤어스

타일에 변화를 주는 이유가 무엇인지 물어보라. 장담하건대 내면의 변화 때문이라는 대답은 거의 없을 것이다.

변화 경영에서는 행동이 전부다. 행동에 변화를 만들어내고, 성공을 이끌어낼 수 있는 것은 '개입'이다. 준비해둔 개입 방안들에 혹시 빠뜨린 부분이 없는지 확인해보라. 개입 방안이 전부 완성되었을 때 그것을 뒷받침하는 것이 커뮤니케이션의 역할이다.

사내 커뮤니케이션은 사원들에게 앞으로 찾아올 변화를 예고하고, 변해야 하는 이유를 이해할 수 있는 근거를 제시하고, 무엇을 예상해야 하는지 알려주고, 두려움과 좌절뿐 아니라 가능성과 희망을 기대할 수 있게 해주어야 한다. 물론 사소한 역할은 아니지만 결정적 요인이 아니라 위생요인일 뿐이므로 변화의 지렛대 역할에 그친다. 변화가 커뮤니케이션의 문제라고 주장하는 사람이 있으면, 말보다는 실제로 행동하라고 촉구하라. 말이 통하지 않으면 차라리 장기 휴가를 보내라.

성공 요인 1:
최고경영진이 프로젝트에 전념한다

한 신문사가 경영난에 처했다. 독자들은 온라인으로 대거 이동했고, 변덕스러운 광고 시장은 무가지의 등장으로 요동치고 있었다. CFO는 어떤 조치를 취해야 하는지 명확히 파악하고, 앞으로 몰아칠 태풍을 뚫고 나아가기 위해 컨설턴트를 고용했다. 그러나 컨설턴트가 프로젝트 시작을 앞두고 이사회 구성원들과 면담한 결과, CFO가 15%의 전체 비용 절감을 목표로 한 것에 비해 CEO는 간접비용 10% 절감이면 충분하다고 생각하고 있었다. 또한 CEO는 편집부에 손을 대려 하지 않은 반면, CFO는 근본적 변화를 위해 편집부를 희생시킬 준비가 되어 있었다. 결국은 이사회의 의견 불일치 때문에 프로그램을 시작할 시기가 아니라는 판단이 내려졌고, 프로젝트는 취소되었다.

해법을 성공하려 애쓰기는커녕 프로젝트와 관련해 손끝 하나 움직일 생각이 없어도 찬성이나 반대 의견을 표명할 수 있다. 이 때문에 의사결정이 내려진 후에도 다들 아무 일도 없었다는 듯이 자기할 일만 계속하는 광경을 흔히 보게 된다. 다시 한 번 강조하건대, 결정하는 것에는 아무런 의미가 없다. 핵심은 개입이다. 경영진은 결정이 아니라 개입에 전념해야 한다. 가끔은 경영진이 뒤따를 개입에 전념할 의사가 없는 채로 결정을 내리는 경우도 있다.

"수익성을 회복시키기 위해서는 물론 비용을 절감해야 하지만, 우리 사업부에서는 안 됩니다."

목표와 행동 경로가 확실히 정해졌는데 개입을 기피하거나 지연시키는 사례도 잦다.

"모든 내용에 동의하지만, 보너스 제도와 중간관리자 평가에 대해서는 추후에 수정이 필요할 것 같군요. 그리고 현시점에서는 저희 팀 인원을 감축시켜야 하는 이유를 모르겠습니다."

관리자가 이렇게 말하면 대부분의 사람이 문제 삼지 않을 것이다. 시간을 두고, 나중에 발생하는 문제들은 그때 해결하자는 것뿐이니 말이다. 그러나 우리는 그 의견에 반기를 들고 싶다. 위처럼 사족을 붙이는 관리자는 기본적으로 의사결정에 동의하지 않고 곧장 협상부터 하려 한다. 원하는 것을 얻지 못하면 프로젝트에 헌신하지 않을지도 모른다. 회의 직후에 모든 관리자가 이런 식으로 해법을 수정하려 든다면 해법 자체가 무너지고 말 것이다. 게다가 관리자의 발언으로 긍정적 요소였던 해법이 세 개의 부정적 문제점으로 탈바꿈했다. 이는 팀의 사기를 저하시키고, 문제와 위험, 저항을 중심으로 생각하게 만든다는 점에서 바람직하지 못하다.

 절대 목표를 타협해선 안 된다. 개입을 최적화할 수 있는 조정안까지는 수용하되, 그 이상은 받아들이지 마라.

신문사의 사례에서 올바른 대응은 향후 조정안이 어떻게 되든 프로젝트에 전념하겠다는 약속을 받고, 목표를 다시금 확인시키고, 앞으로 취할 개입이 가져올 긍정적이고 부정적인 결과들을 명시적으로 알리는 것이다. 성숙한 해법은 이미 장점과 단점의 균형을 맞춘 상태이니 거기서부터 다시 협상을 시작해서는 안 된다.

직원들에게 프로젝트에 전념하기를 요구하라. 어떤 이유인지는 모르겠지만 인류는, 아니면 적어도 중간관리자들은 아름다운 목표 달성과 근본적 변화를 별다른 대가 없이 얻을 수 있다는 망상을 하곤 한다. 하지만 당연히 그들의 목표에는 힘들고 고통스러운 작업이 수반된다. 그것이 바로 의사결정의 마지막 단계에서 회장이 전

직원에게 프로젝트에 참여할 의사가 있는지 물어봐야 하는 이유다. 여기서 참여란 해법뿐 아니라 개입 방안에 대한 참여를 의미한다.

큰 변화의 물살 속에서 넘어졌다가 다시 일어나려면 용감하고 집요해야 한다. 성공하는 리더는 최고의 파워포인트 실력을 갖추었거나 최고의 컨설턴트를 고용한 리더가 아니다. 어려움에 굴하지 않고 목표 달성을 위해 쉬지 않고 유연히 움직이는 리더가 성공한다.

1장에서 논했던 것처럼 야망이 크지 않아도 괜찮다. 하지만 일관된 태도를 보이는 것은 중요하다. 프로젝트 팀에게 중국 시장에 진입하여 성공할 시나리오를 개발하라고 명령해놓고 결국엔 수출 관리자를 고용하기로 한다면 모순적이다.

프로젝트 팀은 최고경영진의 목표에 영향을 줄 수도 없고, 줘서도 안 된다. 그러나 최고경영진과 눈높이를 맞추고, 그들이 변화를 위해 헌신할 준비가 되었는지 확인하기 위해 프로젝트 팀이 할 수 있는 일이 몇 가지 있다. 우선 핵심 이해관계자로부터 프로젝트의 목표와 범위에 대해 상세한 설명을 들어야 한다. 프로젝트 발주자(또는 프로젝트를 책임지는 이사)에게 이사회에서 프로젝트의 목표와 범위를 논해달라고 요청하는 것도 하나의 방법이다. 아니면 이 장 처음에서 든 사례에서처럼 개개의 이사들과 면담을 진행할 수도 있다.

프로젝트 팀과 의사결정자들의 눈높이를 맞추기 위해서는 운영위원회를 구성할 수 있다. 이 위원회의 회장은 바로 프로젝트 발주자로, 프로젝트의 진행 상황을 상부에 보고하는 역할을 한다. 프로젝트 결과에 지분을 갖고 있거나 프로젝트 실행의 열쇠를 쥔 유관 부서의 관리자들 역시 운영위원회에 소속되어야 한다.

다른 의사결정자들도 프로젝트 과정에 참여할 기회를 가질 수 있도록 하라. 특히 프로젝트 실행에 책임이 있는 이들이라면 놓치지 말아야 한다.

성공 요인 2:
골칫거리를 먼저 해결한다

가전제품 업계는 디지털화하고 있으며 오늘날 DVD 플레이어, 평면 TV, 오디오 등은 대부분 부품 조립으로 만들어진다. 당연히 이윤이 전보다 감소한 상황이다. 한 제조사는 이런 상황에서 경쟁력을 유지하기 위해 유럽 지부를 구조조정 하기로 했다. 상품 범위를 좁히고 마케팅과 영업 활동을 유럽 지부로 집중화하려는 계획은 각 국가 관리자에게 몹시 불쾌한 행보였다. 프로젝트 팀 측에서는 문제를 예상하고 각 국가 관리자에게 개인적으로 접촉하여 유럽 지부의 직책을 제안했다. 몇몇은 제안을 받아들여 새로운 현실에 적응했고, 어떤 사람들은 회사를 떠났다. 엇갈리는 운명 속에서도 유럽 지부 구조조정은 지연 없이 이루어졌으며 국가 관리자들은 반역의 수장이 아니라 변화의 상징으로 칭송받았다.

변화에 저항이 따르는 것은 당연히 예상할 수 있다. 위의 사례처럼 넓은 지역을 표준화해야 하는 상황이라면 아마도 소비자 맞춤과 지역적 선호, 독일인들이 프랑스인을 싫어하는 이유 등에 대해 길고 긴 설교가 돌아올 것이다. 실제로 표준화를 시행하면 비용이 오히려 늘어날 것이라고 주장하며 구조조정의 옹호자들을 완전히 바보 취급하는 이들도 있었다. 불행히도 본인들은 알아채지 못하지만, 개인의 이해관계가 논리에 미치는 영향은 놀라울 정도다.

 누군가 자신의 이해관계와 반대되는 주장을 하고 있다면
그 사람은 아마도 무언가를 잘못 생각하고 있을 가능성이 높다.

저항을 이겨내기 위해서는 탄탄한 시나리오를 만들고, 싸움의 선봉에 설 강력한 리더를 뽑아야 한다(성공 요인 1). 그리고 앞으로 큰 영향을 받을 중요 이해관계자들의 문제를 해결해주어야 한다.

우리는 일단 해법을 내놓고 그 영향은 나중에 처리하는 것보다, 골칫거리를 먼저 처리하라고 권하고 싶다. 부정적인 영향을 받을 집단이 누구인지 알아냈다면 제안서에 그들의 문제를 해결할 방안을 함께 제시하라.

 골칫거리와의 대면을 늦추면 처음에는 마음이 편하겠지만,
장기적으로는 오히려 독이 된다.

두 개의 본부를 합병하는 과정에서 인력의 30%를 감축하고 나머지 직원의 50%를 다른 도시로 배치해야 한다고 상상해보자. 당신은 곧바로 토론을 시도하거나, 아니면 골칫거리에 대한 해법을 먼저 덧붙일 수 있다. 여기서 가능한 해법은 (1) 자연스러운 인력 조정과 기간제 계약 해지를 통해 인력을 15% 감축하고, (2) 나머지 15%의 인력은 2년 동안 재취직 프로그램을 진행하며 감축하고, (3) 근무지 이전으로 이사해야 하는 직원에게는 5,000유로의 지원금을 지급하거나 1년 동안 통근비를 지원해주는 것이다.

물론 이런 방법으로 해법 때문에 손해를 입는 사람들의 문제를 전부 없애지는 못한다. 하지만 적어도 그들의 문제에 대해 존중하고 있다는 것은 보일 수 있다. 중요 성공 요소와 행동 경로를 바꾸지 않고도 냉혈한 이미지를 피할 수 있다.

프로젝트에 큰 영향을 받는 집단에는 물론 평사원들이 있다. 보통 직원들을 대표하는 것은 노동자평의회나 노동조합이다. 이들과 문제를 조율해야 한다면 가능한 한 빨리 시작하라. 프로젝트 팀과

노동조합 사이의 갈등은 서로를 적으로 규정하는 시점에 탄생한다. 한 노동자평의회 구성원은 이렇게 표현하기도 했다.

"프로젝트 도중에는 저희를 무시하다가 마지막에 와서야 직원들에게 당신의 해법을 변호해달라고 하면 뜻대로 되지 않을 겁니다."

반대로 사원 대표가 변화를 적극적으로 옹호하는 경우도 있다.

경영진 역시 골칫거리가 되기 쉽다. 특히 중간관리자는 변화를 성공으로 이끌어야 할 주역인 동시에 변화에 큰 영향을 받는 집단이다. 경영진에 대해서는 표준적이면서도 개별적인 접근법을 택해야 한다. 경영진들은 대체로 자아가 강하고, 해법 자체를 개인화하는 편이 더 나은 결과를 낳기 때문이다. 해법을 적용하는 과정을 투명하게 하고, 최고의 인력을 유지할 방법을 생각해내는 것이 중요하다.

마지막으로 부서들도 잠재적인 골칫거리다. 부서를 토막 내고, 이전시키고, 자동화시켜 인력을 감축하고, 심지어 폐지시킨다면 누가 가만히 있겠는가? 우선 조직을 샅샅이 훑으며 골칫거리가 될 부서를 알아내라. 그리고 문제의 부서 구성원을 프로젝트 팀이나 운영위원회에 합류시켜 향후 얻게 될 것과 잃게 될 것을 현업의 동료들에게 전달하도록 하면 프로젝트 팀과 부서 사이의 간극을 조금이나마 좁힐 수 있다. 거꾸로 생각해보면 핵심 부서에서 변화를 이끌어내야 하는 사람들을 될 수 있는 대로 빨리 프로젝트에 참여

시켜야 한다는 것이 명확해진다.

골칫거리를 당장 격파하지 않고, 프로젝트가 어느 정도 진행될 때까지 미뤄두는 경우가 많다. 그러나 이것이 정말로 사람들을 움직이게 하는 방법일까? 거꾸로 생각해보면 골칫거리들이 점차 현실로 다가올 때 피하지 말고 맞서야 한다는 사실이 명확해질 것이다. 골칫거리 해결을 경영진의 몫으로 남겨 놓는 프로젝트 팀은 무책임하다. 프로젝트 팀이 잠재적 골칫거리를 밝혀내고, 그것을 해결할 여러 방법을 제안할 때 프로젝트 성공 가능성이 높아진다.

변화 전략

'전략'이란 게임에서 승리를 얻어내는 방법이다. 많은 사람들은 전략이라는 단어를 '중요한 계획'과 혼동하고, 게임을 이기기 위한 전략이 아니라 중요해 보이는 계획을 세우는 것으로 만족한다. 그러나 변화 전략은 변화라는 게임에서 승리하는 방법이어야 한다.

전통적인 변화 전략을 차용하는 것도 유용할 수 있다. 고려해볼 만한 여섯 가지 변화 전략을 소개하겠다.

1. 권력 게임 전략

위계질서에 기반을 둔 전략이다. 정치, 또는 비용을 절감해야 하는 서바이벌 상황에 가장 적합하며 전형적인 사례로는 '미국의 이라크 침공'을 들 수 있다.

2. 구조 전략

사람들의 역할과 임무를 조정함으로써 조직 구조 안에서 사람들이 변화를 받아들이는 방식을 바꾼다. 인수합병 또는 조직 내 구조조정 후 자주 볼 수 있으며 '서독과 동독의 통일'이 좋은 사례다.

3. 인센티브 전략

이 전략은 변화를 위해 시장 논리를 도입한다. 민영화, 보너스, 사업 부문 신설 등은 사람들의 행동을 바꾸기 위해 사용할 수 있는 인센티브로 잘 알려져 있다. '싱가포르에서 쓰레기 무단 투기에 부과하는 벌금'이 그 예다.

4. 백지 전략

이 전략은 조직을 원점에서 다시 시작하게 해준다. 파일럿 매장, 벤처 사업, 신사업 개발 등은 근본적으로 새로운 성장 기반을 만들어서 조직을 변화시킬 수 있는 도구들이다. 사하라 이남 아프리카에 마을 14개를 조성한 '밀레니엄 빌리지 프로젝트Millenium Village Project'가 좋은 사례다.

5. 학습 전략

이 전략은 사람들이 자기 계발과 발전을 원한다는 가설에 기반을 두고 있으며 점진적 변화에서는 유용하지만, 근본적 변화에서는 효과가 덜하다. '재활 프로그램, 품질개선 프로그램, 경영 발전과 훈련 프로그램' 등이 그 예다.

6. 인재 전략

기업의 성공에 인재가 결정적 요소라는 믿음을 기반으로 한 전략이다. 좋은 인력과 평범한 인력 사이의 성과 차이는 상당히 벌어질 수 있다. 그런 시각에서 보면 경영진을 그대로 둔 채 근본적 변화를 얻어내려는 것은 참으로 안이한 생각이다. '정부 교체'가 이 전략의 사례다.

여섯 가지 전략 가운데 무엇을 선택할지는 당면한 과제의 성격에 달려 있다. 근본적인 변화를 원한다면, 변화라는 게임에서 승리할 방법을 찾아야 한다.

실전에서 통하는 비법

성공 요인 3:
성공을 위해 조직을 바꾼다

성공을 위해 조직을 바꾸는 것은 사실 꽤 간단하다. 무언가를 정말로 이루고 싶다면 최고의 인력을 모아 목표를 숙지시키고 오직 목표에만 전념하도록 한 후, 정해진 의제를 두고 정기적으로 회의하며 프로젝트의 성공을 방해하는 사람은 혼쭐내주면 된다. 그러나 현실적으로 이는 쉽지 않다.

근본적 변화 프로젝트를 시작하는 것은 새로 사업을 시작하는 것과 비슷하다. 맨땅에서 시작한다고 생각하고, 신생 벤처 사업을 어떻게 빚어나갈지 고민하라. 원래 하던 일을 그대로 하면서 세상을 바꾸기란 쉽지 않다. 프로젝트 팀이 뿔뿔이 흩어져서, 서로 다른 우선순위를 갖고, 누구의 모니터링도 받지 않은 채 프로젝트를 진행한다면 실제로 성과가 날 가능성은 '0'에 가깝다. 프로젝트 개발 단계에서도, 시행 단계에서도 마찬가지다.

프로젝트에 투자하는 자원의 수준은 목표에 부합해야 한다. 한 회사는 1억 유로가 넘는 프로젝트에 대리급 인력을 배정했다. 그보다 높은 직급의 관리자들은 2억 유로의 가치가 있는 부서를 운영해야 했기 때문이다. 우수한 인력이 언제나 바쁜 것은 사실이지만, 그것이 최우선순위의 프로젝트에 최고의 인력을 배치하지 않을 핑계는 되지 못한다. 진짜로 성공하고 싶다면 그저 그런 인력은 제쳐두라. 똑같은 인도 사업 계획서라도, 인턴이 쓴 것과 CEO가 최고급 컨설팅 회사의 조력을 받아 쓴 것은 하늘과 땅 차이다.

 성공 조건이 불충분하다고 판단되는 프로젝트는 과감히 거절하라.

과감한 목표의 달성 여부는 프로젝트에 투입되는 인력에 달렸지만 적임자를 선정하는 작업이 늘 쉽지는 않다. 여기서 범할 수 있는 실수에는 두 가지가 있다. 첫째는 능력이 아니라 이용 가능성을 기준으로 인력을 선정하는 것이다. 중요한 과제에 배치할 인력은 능력을 먼저 고려해서 뽑아야 한다. 둘째는 완벽한 능력을 갖추고 프로젝트에 100%의 시간을 투자할 수 있는, 한마디로 이상적인 인력을 꿈꾸는 것이다. 우리가 만나본 모든 회사 경영진들은 중간관리자의 자질에 불만족해지고 있었고, 중간관리자들 역시 경영진의 능력을 의심하고 있었다. 여기서 또다시 저울질해보아야 한다. 경영 개발 프로그램, 평가, HR 고문, 성과 기록 등 이미 사용할 수 있는 자원이 많이 있다 해도 기존 인력에 대해 새로운 판단이 필요할 수 있다.

근본적 변화를 목표로 하는 프로젝트라면, 애매한 평가를 받는 인력은 배제하라. 이력서만 봐서는 프로젝트를 진행할 역량이 있는지 알기 어렵다. 그러니 선정된 인력이 프로젝트를 성공시킬 수 있을지 판단하는 데는 결국 주관적 견해가 들어가기 마련이다. '이 팀이 프로젝트를 성공시킬 수 없다면, 어떤 사람들로 대체해야 하겠는가?'라는 질문에 답해보라. 최고경영진 가운데 한두 사람이 프로젝트에 시간을 제법 할당해야 한다는 계산이 나올지도 모른다. 리더를 전격으로 교체하거나, 외부 인력을 고용하는 방법이 떠오를지도 모른다.

프로젝트 진행 상황을 꿰뚫고 있는 것 역시 중요하다. 첫 번째 성공 요인, 즉 최고경영진이 전념해야 한다는 조건에서 이어지는 내용이다. 근본적 변화 프로그램이라면 못해도 1개월에 한 번은 모니터링을 해야 하며, 최고경영진 회의에서 의제로 다뤄서 조직이 목표 달성을 향해 순항하고 있는지, 계획에 어떤 문제라도 있는지 파악해야 한다.

'해결해야 하는 문제가 있는가?'

'새로운 인물의 협조를 얻기 위해 행동 방안을 수정하거나 추가할 필요가 있는가?'

최고경영진의 우선순위에서 밀려서 성과를 내지 못한 수많은 프로젝트의 전철을 밟지 않기를 바란다.

배를 제대로
뒤흔드는 기술

뉴욕시에서 주최하는 마라톤을 완주하고자 하는 두 사람이 있다. 몇 주짜리 훈련 스케줄을 소화해내는 사람과 실패하는 사람의 차이는 무엇일까? 보통은 다음과 같은 요소들이 성공과 실패를 가른다.

(a) 마음가짐의 문제: 성공하는 데 필요한 모든 것을 감내할 준비가 되었는가?

(b) 행동의 문제: 담배를 끊고, 훈련을 위해 일찍 일어나고, 괜찮은 운동화를 샀는가?

(c) 골칫거리의 문제: 달리기 연습을 하는 동안 자녀들에게 다른 운동을 시키는 등 부모의 책임을 다했는가?

(d) 조직 변화의 문제: 생활 계획을 바꾸어 훈련 프로그램을 짜

고 발전 상황을 기록하고 마라톤 훈련 모임에 참여했는가?

꿈을 이루고 싶다면, 한두 가지 요소로는 부족하다. 마음가짐,

환경, 자원 모두를 목표에 맞게 조정해야 한다.

〈핵심 원칙 정리〉

1. 최고경영층이 목표와 개입 방안에 전념할 수 있게 하라.

2. 골칫거리를 먼저 해결하라.

3. 성공을 위해 조직을 바꿔라. 필요한 인력들을 모으고, 다른 일은 우선순위에서 미뤄두고, 자주 모니터하라.

거꾸로 생각하기,
그리고 앞을 내다보기

    가족 기업인 점보 슈퍼마켓은 1996년에 첫 지점을 열고, 최고의 쇼핑 경험을 제공하기 위해 쇼핑할 때 불만족스러운 부분에 대해 여러 고객의 의견을 들어보았다. 그 결과를 바탕으로 점보 슈퍼마켓은 7개의 고객 만족 요건을 내세운 독창적인 공식을 개발했다. 7가지 요건 중 가장 중요한 것은 최저가 보장, 상품 종류 확보, 최고급 서비스였다.

    이 공식을 활용하여 점보 슈퍼마켓은 12년 연속으로 미국 최고의 슈퍼마켓으로 선정되었다. 그리고 이를 기반으로 5년마다 수익을 두 배로 증가시킨다는 목표를 세우고 그것을 달성해냈다. 2002년에 36개 지점을 보유하고 있던 점보 슈퍼마켓은 2009년에는 128개로 지점을 늘렸다. 점보의 프랜차이즈에 합류한 슈퍼마켓은 최소 50% 이상의 수익 상승을 맛보았다. 2009년 말에 점보 슈퍼마켓은 시장에서 4번째로 영향력 있는 업체를 인수하여 또다시 수익을 두 배로 증가시켰다. 2010년에서 2012년에 두 회사의 합병을 마무리하고 나면 점보 슈퍼마켓은 경쟁력이 더 높아질 테고, 현재 점보 슈퍼마켓보다 세 배나 큰 규모로 시장 1위 자리를 공고하게 지키고 있는 업체에 타격을 입힐 것이다.

효율성을 두 배로 끌어올리는 방법

이 책의 시작에서 밝힌 것과 같이 이 책의 목표는 기업 문제 해결의 효율성을 두 배 이상으로 끌어올리는 것이다. 우리는 그 방법으로 다음 세 가지 원칙을 제시했다.

1. 거꾸로 생각하기 : 문제 해결은 문제보다는 목표와 비전을 중심으로 해야 한다.
2. 합리적 의혹을 넘어서기 : 태도의 변화는 논리와 팩트, 가정의 검증에서 비롯된다.
3. 행동에 개입하기 : 사람들을 움직이는 것은 결정이 아니라 행동이다.

당신이 이 원칙들을 잘 실천하고 있는지 확인하기 위해 프로젝트를 완료한 후, 다음 질문에 답해보라.

■ 거꾸로 생각하기

1. 팀이 문제나 분석이 아니라 해법에 대해 생각하기 시작한 시점이 언제인가?

2. 프로젝트 첫날부터 모두가 목표를 분명히 인지하고 있었는가?

■ 합리적 의혹을 넘어서기

3. 분석틀을 적용했는가?

4. 의사결정자들에게 보고하기 전에 해법을 잘 분석하여 합리적 의혹을 떨쳐냈는가?

5. 각각의 해법에서 핵심적인 부분에 대해 충분한 분석과 팩트를 제공하고, 가정을 충분히 검증했는가?

■ 행동에 개입하기

6. 조직이 실제로 움직였는가?

7. 겉으로 드러나는 개입이 있었는가? (구체적인 개입 다섯 가지를 떠올릴 수 있는가?)

8. 목표를 달성했는가?

이 질문들을 기준으로 이번 프로젝트의 점수를 매겨 보라. 물론 모든 질문에서 만점을 받는 것은 노련한 전문가에게도 어렵다. 하지만 이 책에서 배운 사실들을 프로젝트에 적용하면 효율성이 두 배 이상 높아질 것이다. 프로젝트 첫날에 분석틀을 만들 수 있다면 훨씬 효율적인 분석과 팀 상호작용이 가능하고, 해법 또한 성숙해질 것이다. 해법에 개입 방안만 더해도 해법을 보다 의식적으로, 그리고 효율적으로 시행할 수 있다. 그리고 주관적인 의견 대신 객관적인 팩트를 이용함으로써 해법 자체가 전보다 견고해진다. 목표를 명확히 세우고 모두와 공유한 후 프로젝트를 시작하면 목표를 달성할 가능성이 높아진다.

우리는 이쯤에서 말을 아끼고, 독자에게 나머지 판단을 맡기겠다.

그리고 앞을 내다보기 시작하라

독자에게 던지는 마지막 질문이다.

'거꾸로 생각할 준비가 되었는가?'

거꾸로 생각한다는 것은 역으로 앞을 내다본다는 의미를 내포하고 있다.

진행 중인 프로젝트를 잠시 멈춰 보라. 분석틀을 개발하고, 해법을 찾아내고, 모두가 목표에 동의했는지 큰 소리로 물어볼 수 있겠는가? 의견을 내는 모든 사람에게 의견을 뒷받침할 팩트를 가져

오라고 요구하고, 모든 관계자가 변화가 생길 거라고 믿을 때까지
개입을 계속할 수 있겠는가?

 앞으로 바꾸고 싶은 행동 세 가지를 종이에 적고
동료와 공유하라.

다시 말해, 이 책을 읽고 난 후 당신의 행동을 바꿀 수 있겠는가?
책을 읽기만 해서는 아무 의미가 없다. 행동하라. 당신이 우리처럼
거꾸로 생각하는 과정을 즐길 수 있게 되길 바란다.

행운을 빈다.

감사의 글

이 책이 세상에 나오기까지 여러 단계에서 도움을 준 모두에게 감사를 표하고 싶다. 에밀 고스텔리Emile Gostelie, 바터 하크Wouter Haak, 에드윈 쿠트Edwin Koot, 피에르프랑수아 마르토Pierre-François Marteau, 레이첼 오클포드Rachel Ockelford, 롤프 파가노Rolph Pagano, 로프-에릭 리스달Rov-Erik Ryssdal, 아드 스켑바우버Ad Scheepbouwer, 스벤 슈미트Sven Smit, 한스 판 론덴Hans van Londen, 마르코 잠비안치Marco Zambianchi에게 감사한다. 그들의 의견과 격려가 큰 도움이 되었다.

거꾸로 생각하기 8단계 체크리스트

■ 거꾸로 생각하는 전략적 사고법

1. 팀이 문제나 분석이 아니라 해법에 대해 생각하기 시작한 시점이 언제인가?

2. 프로젝트 첫날부터 모두가 목표를 분명히 인지하고 있었는가?

■ 합리적 의혹을 떨쳐내는 논리적 검증법

3. 분석틀을 적용했는가?

4. 의사결정자들에게 보고하기 전에 해법을 잘 분석하여 합리적 의혹을 떨쳐냈는가?

5. 각각의 해법에서 핵심적인 부분에 대해 충분한 분석과 팩트를 제공하고, 가정을 충분히 검증했는가?

■ 목표를 달성하는 행동의 법칙

6. 조직이 실제로 움직였는가?

7. 겉으로 드러나는 개입이 있었는가? (구체적인 개입 다섯 가지를 떠올릴 수 있는가?)

8. 목표를 달성했는가?

본질에 집중하는 전략적 사고법
거꾸로 생각하기

초판 1쇄 발행 2015년 9월 21일
지은이 롭 판 하스트레드, 마틴 스켑바우버
옮긴이 박다솜

펴낸이 민혜영 | **펴낸곳** 카시오페아
주소 서울시 마포구 월드컵북로 400 문화콘텐츠센터 5층 출판지식창업보육센터 8호
전화 070-4233-6533 | **팩스** 070-4156-6533
홈페이지 www.cassiopeiabook.com | **전자우편** cassiopeiabook@gmail.com
출판등록 2012년 12월 27일 제385-2012-000069호
디자인 김태수 ehsoo@naver.com

ISBN 979-11-85952-20-8
이 도서의 국립중앙도서관 출판시도서목록(CIP)은 서지정보유통지원시스템 홈페이지(http://seoji.nl.go.kr)와
국가자료공동목록시스템(http://www.nl.go.kr/kolisnet)에서 이용하실 수 있습니다.
(CIP제어번호 : CIP2015024627)